聆听浙大

王　勤 主编

记录当下，留存历史，
传播浙大好声音。

LISTENING TO
ZHEJIANG UNIVERSITY

ZHEJIANG UNIVERSITY PRESS
浙江大学出版社

卷首语

浙江大学是一所有着光荣历史传统的百年名校,从 1897 年走来。无论是救亡图存还是文军长征,无论是励精图治还是改革创新,浙大人始终不忘初心,以天下为己任,与民族复兴同频共振。如今,有着 124 年波澜壮阔办学历史的浙江大学,正沿着"更高质量、更加卓越、更受尊敬、更有梦想"的战略导向,行进在高质量高水平建设中国特色世界一流大学的征程上。

教育大计,教师为本。教师既是培育新人的园丁,也是探求真知的先锋;既是学术生态的建设者,也是大学精神的传承者。"浙大教师信念坚定、师德高尚、业务精良,为党和国家事业培养了大批人才。我们要实现'两个一百年'奋斗目标,实现中华民族伟大复兴的中国梦,需要一大批忠诚党的教育事业的老师们精心育人,源源不断培养和造就一代又一代社会主义事业的合格建设者和可靠接班人。希望浙大在这方面走在前列。"2015 年教师节前夕,习近平总书记委托中央办公厅给浙大教师回信,对浙江大学寄予厚望。

站在历史与现实的交汇点上,我们可以清晰地看到,浙大人公忠坚毅、担当大任的家国情怀始终如一,贯穿浙大文脉的求是精神历久弥新,求是园中浙大故事绵延不绝。

本书记录的是浙江大学部分优秀教师、杰出学者的口述故事以及他们对大学精神、立德树人、理想追求、为师之道、教师成长、科研创新、治学人生等的思考与心声,记录的是浙江大学教代会、工会在传承求是文化、服务学生成长、促进教师发展方面所作的探索,见证的是浙大人仰望星空、脚踏实地、奋力前行的信念和脚步,表达的是我们发自内心的欣赏、共鸣与致敬。

记录当下,留存历史,从特定视角展现浙江大学独特的品格与文化,展现当代浙大人的情怀与追求,是《聆听浙大》的初心与期待。

在中国共产党百年华诞之际,《聆听浙大》即将出版,甚为欣喜。《聆听浙大》,传播浙大好声音。

楼成礼

2021 年 5 月 1 日

目　　录

传承是最好的致敬

　　——"求是缘"讲述浙大人的故事 ……………………… 1

今天,我们如何当老师?

　　——教师发展委员会首秀"师说"论坛 ……………… 34

教师最大的成就是学生

　　——"师说"论坛女教授专场 …………………………… 57

收获尊严与快乐

　　——陈叔平教授做客"师说"论坛 …………………… 85

青年教师:成长的烦恼与快乐

　　——杨德仁教授谈职业与发展 …………………………… 90

立德树人:教师的神圣职责

　　——聚焦"双一流"建设背景下的育人工作 …………… 98

用"心"授课　乐在其中

　　——朱柏铭教授分享"教学秘笈" …………………… 130

追逐梦想　改变世界

　　——"师说"论坛青春版专场 …………………………… 135

学习、教学、科研与生活的平衡

　　——徐志康教授与青年教师"面对面" ……………… 164

坚守与选择

　　——做新时代的"好教师""好学者" ………………… 170

如何以学术为业?

　　——罗卫东教授谈治学人生 ………………… 176

科学中的女性:创新的本源

　　——"有问"三八节女科学家访谈 ………………… 181

聆听浙大:一位女教授的"跨界事业" ………………… 194

后　　记 ………………… 201

传承是最好的致敬

——"求是缘"讲述浙大人的故事

　　从求是书院到浙江大学,120多年的历史长河中,涌现出无数个灿若星辰的浙大人。他们有着浓浓的浙大情结,有着深深的求是印记,更有着公忠坚毅、担当大任的家国情怀……在改革开放40周年、四校合并20周年之际,在学习贯彻全国教育大会精神、迎接教育部本科教学审核评估的重要时刻,浙江大学女教授联谊会隆重推出"'求是缘'——讲述浙大人的故事"访谈活动,邀请三代浙大人分享他们的青春故事,畅谈成长、梦想与未来。正如浙江大学副校长、第三届女教授联谊会会长何莲珍教授在活动现场致辞中所言,"求是缘"访谈旨在推动学校文化建设,激发爱校荣校之情,探索新时代立德树人的新途径。

　　访谈嘉宾:

　　陈云敏,男,中国科学院院士,浙江大学建筑工程学院教授,浙江大学工学部主任,软弱土与环境土工教育部重点实验室主任,"十三五"国家重大科技基础设施"超重力离心模拟与实验装置"项目首席科学家。

　　邱利民,男,教育部"长江学者"特聘教授,国家杰出青年科学基金获得者,浙江大学能源工程学院教授,浙江大学求是学院院长,第三届青年教授联谊会会长。

岑海燕,女,浙江大学生工食品学院研究员,"百人计划"入选者,曾获 2017 年科技部重点领域创新团队奖等。

访谈主持:

梁君英[①],女,浙江大学外国语言文化与国际交流学院教授,浙江省高校第八届青年教师教学技能竞赛特等奖获得者。

时　间:

2018 年 11 月 20 日

地　点:

浙江大学紫金港校区蒙民伟楼 139 报告厅

访谈实录[②]

梁君英:

首先非常感谢如约来到今天"求是缘"访谈现场的所有老师和同学,"求是缘"的主题是讲述浙大人自己的故事。讲述是为了更好地传承,而传承是最好的致敬。我想我们今天在这里,不仅仅是向我们的老学长致敬,更是向全球千千万万的浙大人致敬。所以,在访谈开始之前,我想和老师、同学们一起来看几张照片。

这是 1897 年求是书院成立到 1998 年四校合并的发展历程示意图。在这个历史进程中,我给大家分享的第一张照片是 1931 年苏步青先生加盟浙江大学数学系时的合影;这是 1937 年浙江大学数学系和物理系群星闪耀的样子;这是 1937 年 11 月,浙大开启了文军长征

---

① 梁君英教授 2019 年获宝钢优秀教师奖,现为浙江大学女教授联谊会副会长,兼任教育部高等学校大学外语教学指导委员会秘书长。

② 文字整理:王勤,下同。

的历程，是当时竺可桢校长拍摄的照片。

这是1998年9月15号四校合并新浙江大学成立大会的照片，我当时坐在这个角落，非常荣幸能够见证1998年四校合并的仪式。这是同年浙江大学迎来了第一批新浙江大学新生时的开学典礼。这是2018年，四校合并20周年之后，我们迎来了2018级新生，我相信在座很多同学都在现场体验过心潮澎湃的感觉。这是2018年9月12号，浙江大学举行并校发展20周年的座谈会。

时光流转，浙大高歌前行。可是有一个概念我们从来未曾改变，那就是我们都是浙大人，我们有一份深厚的求是缘。今天的主题词非常明确，第一是浙大情结，第二是求是印记，第三就是浙大高歌前行。我们的基因到底是什么？刚才何莲珍会长在致辞中说是"公忠坚毅，担当大任"。

今天我们在这里就座的三位嘉宾，其实非常好地代表了"60后"浙大人、"70后"浙大人和"80后"浙大人。在今天这么难得的机会，我特别想请问一下三位老师，回望一下你们的成长历程，你们这么出色、这么卓越，是怎么成长起来的？我们先来看一下三位老师最近在做些什么。

陈云敏老师1979年入读浙江大学。这是2018年10月29日上午，第八届国际环境土工大会，主题是"环境岩土的可持续发展"，四年一次，有环境岩土工程行业的"奥林匹克"之称。谢谢陈老师！

邱利民老师1988年入读浙江大学，刚刚上周邱老师主持了低温专业60周年的纪念活动。邱老师在不久前有一个非常高的荣誉，当选为国际低温工程委员会副主席。谢谢邱老师！

接下来就是岑老师。岑海燕老师2001年就读浙江大学，她最近获得的重要荣誉是担任海外华人农业生物食品工程师协会委员，是目前为止唯一一位来自中国高校的委员。谢谢岑老师！

从左至右：梁君英教授、陈云敏院士、岑海燕研究员、邱利民教授

现在我想问一下陈老师，可不可以请您分享一下您在浙大的成长过程？

➤ 我的"求是缘"

陈云敏：

很高兴被邀请为嘉宾。我没想到这个主持人这么厉害，前两天发生的事情在这儿就能被"曝光"出来（笑声）。我其实很简单，就是1979年考上浙江大学，1983年也是在浙大读的硕士，1986年读的博士，1989年毕业之后就留在浙大。所以我在浙大求学有10年时间，对浙大有很深的感情。很多人说我是浙大的代表，不敢说是否代表浙大的优秀基因，但是至少在浙大有过10年的求学经历，谢谢（掌声）。

梁君英：

非常谢谢陈老师！我记得2015年12月底，陈老师刚入选中科院院士时，我们在这里举行过陈老师的讲座。当时也像今天一样，人气爆棚,一票难求。我记得陈老师说过一句话:"我是土生土长的浙大人,我学的还是土木,所以我不能再土了。"(笑声)但陈老师给我们的感觉真的是"绿叶对根的情意",就是我一直扎根在浙大的感觉。

接下来有请邱老师给我们分享一下。我拜读过您的简历,您在国外很多学校做过高级访问学者。可不可以告诉我们,为什么您依然这么热爱这块土地?它给您的营养和滋养是什么?

邱利民:

各位老师、各位同学,大家晚上好!非常感谢主持人给我这么好的问题,其实我也是"纯种"的浙大人(笑声)。我1988年来浙江大学读本科,1992年读硕士,1995年读博士,1997年博士毕业后就在学校工作。我从来没找过工作,因为从入学至今一直在浙大。浙大是以交叉创新为特色的,为了验证交叉创新的成果,必须要有参照物,我和陈老师都是属于参照物,我们是"三浙"(本科、硕士、博士),可以验证。有人喜欢留学,学在哪留在哪;我喜欢游学,浙大始终是我的根据地。世界各地走遍之后我仍然觉得浙大最好,因为这里是滋养过我的地方(掌声)。

梁君英:

感谢邱老师!邱老师除了教学科研做得非常出色,他还写"院长家书",里面的话题包罗万象,特别发人深省,让你不断反思自己在这里如何找到正确的目标、方向和路径。相比而言,岑老师是非常年轻的,我们的海报上是这么说的,岑老师是"求是园飞出去又飞回来的海燕",这只海燕飞遍全球依然回到了求是园,请岑老师分享一下您的成长历程。

岑海燕：

谢谢主持人！各位老师、各位同学，晚上好！今天非常荣幸能有机会跟大家交流一下我在浙大成长的一些事情。我觉得压力挺大的，因为我们做这个节目之前，王勤老师拉了一个群，我一看邱老师，大名鼎鼎，特别忐忑的是我还要与陈院士同台。我觉得自己是浙大一名非常普通的教师。今天有这样的机会，我感到非常荣幸。

我是2001年到浙大读本科，在系统工程和食品科学学院。之后也非常幸运，拿到了一个保送研究生的机会，2005年留在自己学院读研。2007年硕士毕业后去美国密歇根州立大学读了博士，后来又在美国农业部农业科学研究院做了两年博士后。在国外期间，基本上每年都会回国，我回来必做的一件事情就是到浙大看一看，跟我的导师、跟我的本科班主任交流一下。虽说人在海外，但是心一直在浙大。所以对浙大的发展、对学院的发展一直都比较了解，后来得知国家有比较好的政策，学校也有很好的平台，最后就决定回来了。我是2015年3月回到生工食品学院，在学院和我之前硕士导师的支持下，这三年里发展也比较顺利。所以我非常感激，感谢浙大培养了我，同时我也非常希望，能够带着自己的热情为浙大培养更多的学生（掌声）。

> **"求是"印记的背后是什么？**

梁君英：

非常谢谢岑老师。刚才陈云敏老师说他是"土生土长的浙大人"，未曾离开过浙大的，在求是园里整整度过十年学习生涯的一位老师；邱老师说他是"纯种"的浙大人，虽然没有留学，但喜欢游学；我们的岑海燕老师，留学但依然选择回到求是园。这里面其实包含了一个非常明确的信息,就是无论你离开或没有离开,因为有一个情缘叫"求是",这是一个印记,深深地烙在了我们身上。那么,"求是"的背后到底代表着什么? 我们接下来先从陈老师开始。

陈老师,我注意到最近《人民日报》和《中国青年报》有一个关于您的报道,说浙江大学陈云敏团队的两个项目"岩土工程长期服役性能及调控学科创新引智基地"和"高速铁路列车动力效应试验系统",分别入选国家"111 计划"直接立项名单和"中国高等学校十大科技进展"名单。这个是非常重量级的,是关乎国计民生的一个大事。我想问陈老师,您现在呈现在我们面前的都是非常光辉的业绩,但在您不断努力的过程中,有没有遇到过什么艰难? 在成长中是否遇到过挫折? 在成长过程中,包括学习、工作当中,面对困难的时候,您是如何坚守下来的? 可不可以分享给我们在座所有的年轻同学。

陈云敏:

谢谢! 这个问题我还是特别希望谈一谈,跟我们年轻的学生分享一下。其实,我也有很多所谓的故事,因为我比在座的各位年纪都要大,经历得多。人生中遇到的挫折其实对后面的成功是非常重要的,关键是你怎么去对待这个挫折。这也是为什么我愿意跟同学们分享的原因。

我 1977 年上高中的时候,我们班主任是数学老师,他有天晚上给我们读了徐迟写的报告文学《哥德巴赫猜想》,有关数学家陈景润的故事,一个大版面。当时我们听了之后热血沸腾,觉得考大学一定要考数学系才是担当。我考大学的时候,一心想读数学系,后来我考上了浙大,但是分数不够高,所以就没有进数学系,进了土木系,这就是一个挫折(笑声)。因为我们那时候读书跟现在可能不一样,我们那时候读书是有梦想的(笑声)。然后没有考上当然就很失望。但是我们的老师非常好,所以我入选中科院院士时首先要感恩的就是我们高等数学的老师,他让我感受到数学在描述自然界时的完美性。特别他讲到西湖边的链条可以用函数来表示,当时他问我们这是什么函数,我一下子觉得数学那么奇妙,有那么好的涵义。我当时在学高等数学的时候,把复旦大学数学系的《数学分析》拿来学习,把上面的题目都做了,就是一心想能够转系转到数学系(笑声)。结果又没有转成,没有转成的原因是因为我们上一届的一个同学,也是从土木系转到数学系的。他数学很好,土木也学得不错,但数学更好,所以就转过去了。我没有转成,那是一个挫折(笑声)。但他转成了,现在是香港科技大学数学系的教授,而且也是中国科学院院士。偶尔我还碰到他,我说如果你没有转成,我转成了,说不定我是数学的科学院院士,你是土木的科学院院士(笑声)。

梁君英:

反正有一点是明确的,只要是金子,在哪里都会熠熠闪光,是吧?(笑声)

陈云敏:

这是我在学业上一个很重大的挫折。但是我学了数学之后,确实在我的研究中起到了非常重要的作用。如果有人问你为什么那么幸运当上院士,这跟我原来数学功底好很有关系,所以一直到现在,我都很重视数学。我在土木系当系主任的时候,是分管教学的系主任,那时候是1996年。我就是希望我们工科的学生、尤其土木系的学生要学好数学。如果我们土木系学生的《高等数学》平均成绩能够到全校平均分数的前5名,我就给数学系开课老师发奖金,那时候我们土木系有经费。这是一个。第二,一直到现在为止,我个人在招收研究生的时候,一定要看他高等数学考得好不好。我在工学部,我经常跟理学部的主任讲你不能够"放水",数学、物理如果没有学好的话,很难成为一个好的工程师。所以我经常讲的一个理念,没有学好高等数学就等于没有受过高等教育。

梁君英:

这句话一定要再说一遍!

陈云敏:

没有学好高等数学就等于没有受过高等教育,没有学好普通物理就等于不懂现代科学。我还特别跟做新闻报道的那些记者说,我说你如果没有学过普通物理,你怎么去写一个比如原子弹爆炸的好新闻呢?这也是当初老浙大要求文科学生学高等数学和普通物理的原因。这个受工科的影响比较大,不一定对,但是至少工科是这样的。这是我的一个挫折,我讲这个故事,现在回过头来大家都在分享我的经历。其实这个过程还是比较痛苦的,但是我后来把这个挫折转化为我自己所学专业的优势,所以就能够平安地过去了。

所以,教师做好学生的学业顾问是很重要的。我自己的学生,不管我再忙,只要我在办公室,任何时间都可以进来跟我交流。但是同事不行,必须要先预约。为什么呢?因为学生随时可能有他迷茫的时候,这个时候如果能够给他点拨一下,他可能就能把挫折转化为动力(热烈鼓掌)。

梁君英:

非常感谢!陈老师这个例子十分生动地告诉我们:第一,必须学好数学和物理,记住基础课的重要性。第二,我刚好带来了陈老师在

2017 年我们浙江大学建校 120 周年纪念大会上作为教师代表发言时说过的一段话。陈老师说:"从本科到博士都在浙大求学,是浙大培养和成就了现在的我。浙大厚实的本科基础课教学让我第一次感悟到数学对生活的精确表述、对逻辑的完美演绎,感悟到自然和科学之美,激起了我出于好奇心而产生的求知欲。"有些时候挫折也许让我们在深夜泪流满面,但是我们要相信,今天的挫折一定会转化为明天的力量,因为我们坚守了,因为我们坚持了,因为我们把自己的优势转化为在另一个领域的力量。这可能就是陈老师想带给我们的最大营养。

谢谢陈老师! 邱老师,请问您准备给我们分享什么呢?

邱利民:

陈云敏院士刚才讲了他大学的经历,我也讲一下我大学的经历。为什么来浙大? 我第一志愿报的不是浙大,浙大是我的第二志愿,我第一志愿是清华(笑声)。那时候没有人敢这么做,把浙大填成第二志愿,我是吉林省高考前 150 名学生,我有资格这样做。我第一志愿是清华大学汽车工程,第二志愿是浙江大学低温专业。为什么考浙大? 一是"上有天堂,下有苏杭",找个风景最美的城市;二是低温专业很好,我家乡吉林市 300 万人口,居然没有一个低温工程师,多么缺乏。后来一查说浙江大学这个专业最好,就来了浙大。后来一看全班就我一个第一志愿低温专业,其他都是填电气自动化什么别的专业转过来的,我第二志愿是电气自动化(笑声)。这个不算什么挫折,挫折是我自己找的,自找苦吃。

大学时候最好玩的一个经历在今天看来是最大的财富,我大学二年级的时候组织了一个浙江大学西迁之路自行车考察团,从杭州经过浙江、江西、湖南、广西最后到贵州湄潭,3000 公里。我的辅导员担任指导员,我是学生的团长,一共 11 人。那个过程非常艰苦,竺可桢老校长当年带队走完全程,如今只有我们这个队伍是自行车走完全程。我每年都特别关心,关心有没有学生超越我们,到今天都没有(笑声)!我真的希望有人超越,我一直期待有人超越。特别幸运,我是全程骑完的,其他队伍里的人都生过病,坐过汽车,我只有从桂林到阳朔 62 公里的水路是坐船的,当年竺可桢老校长也是坐船的(笑声)。这个经历不仅让我了解浙大的历史,知道浙大的求是精神是怎么来的,更重要的是培养了吃苦耐劳的精神。

我小时候家里条件挺好的,没受过什么苦,但是重走西迁路锻炼了我,教我怎么带领大家安全抵达目的地。因为走到任何地方遇到困难的时候都想回头,到江西有人想回头,到湖南遇到困难有人要回头,最困难到广西桂林的时候,我们在桂林的漓江边开了个会,结果"兵分两路",两种意见。主张走全程的说,我们已经走了历史上最远的,除了竺可桢校长我们不能超越,剩下全部超越了,很了不起。哪怕只剩我一个人,我都要走到底。我是团长,必须平衡两方面的力量,最后走全程的占了上风,后来我们走完了全程。现在想想有点后怕,如果当年没有坚持到底,如果我们在年轻的时候,最血气方刚的时候都干不成一件事,其实是很遗憾的。后来我们遇到很多困难,我报"杰青"报了 10 年,报一个国家奖报了 10 年,我一次一次去努力,最后变成一个成长型性格。我突然发现,一切的苦难最后都照亮了我的路,成为我的财富。我把这些分享给学生,重要的是成长,怎么坚持,怎么去克服困难,这是西迁之路教给我的(热烈鼓掌)。

梁君英:

非常好,谢谢!今天对我来说,是一个非常"惊讶"的发现之旅。

我每次拜读邱老师的"院长家书",或者去看他的个人主页,都发现邱老师真的是把我们能想象的奖项全部拿了,夸张到连浙江省青少年英才奖都拿了(笑声、掌声)。我知道邱老师荣获过很多奖项,比如宝钢优秀教师特等奖、浙江省突出贡献中青年专家、长江学者、浙江十大优秀青年、浙江省青年科技奖……当我看到"青少年英才奖"的时候,我唯一能想到的是,浙大见证了这位邱同学成长为邱教授,再成长为卓越的"长江学者"和我们心目中非常喜欢和敬爱的邱院长。我觉得惊讶的是,刚才邱老师揭晓了一个秘密,他报"杰青"报了10年,这背后的挫折感只有自己慢慢品味。邱老师提到一个词叫"成长性"性格,其实就是坚毅的性格。无论面对什么困难,无论面对什么迷茫,大家一定要记住你要每天都在成长。我们不求有多么辉煌,只求今天的自己要比昨天的自己更加自信、更加优秀,我觉得这就是一个非常好的成长性性格的定义。

岑老师,您在成长过程当中是怎么面对困难的?

岑海燕:

我还沉浸在两位老师感人的故事中。我想从我怎么来到浙大说起,我是第一志愿报的浙江大学(笑声)。当然,我第一志愿不是现在这个专业,我当时报的是国际经贸,但是我语文没考好。刚刚陈老师讲数学很重要,我数学非常好,所以我后来选择工程是对的,到了农业工程这个专业。刚才陈老师也讲到了他非常有梦想,但是我到大学的时候,其实并没有想好将来到底要做什么样的工作,或者成为怎么样的一个人。这可能跟我出生的年代有关系,80后、90后也是这样的。我进入大学的时候,一路过来比较顺,也没有吃过太多的苦。但到了浙大以后,大学生活跟以前高中、初中完全不一样。原来老师都管得非常严,但是在大学,你的时间、生活非常自由,没有人来干涉你必须做什么事情或者不能做什么事情。但我自己做事情有个原则,虽然我不知道我将来要做什么,但是我非常清楚必须要把眼前在做的这些事情做好。

所以,和在座的许多同学一样,进大学后我参加了很多社团,包括作为学生干部加入到团委,参与一些社会活动,让自己在各方面都得到了很大的锻炼。在这个过程中,当然非常重要的一点,作为大学生来说,你的学业肯定是非常重要的。我非常感谢我的本科班主任汪开英老师,她几乎每次开班会的时候都会在我们耳边吹风,强调学业的重要性。我当时确实意识到了,你把现在这些事情做好了,那么将来如果有机会就不会错过。因为如果自己没有准备好的话,即使机会给你,你也会浪费掉。这也是为什么我后来本科阶段成绩比较好,最终被保研的原因。

研究生阶段也一样,读研时目标比较明确,想出国深造。一方面自己确实在科研上有这么一个意向,另外一个很重要的原因是,我先生也是浙大的,他早我两年先出国。当时目标非常明确,一直朝着这个目标在努力。后来申请了10所学校,拿到了8个录取通知书,成功率比较高。刚出国的时候也遇到了很多困难,毕竟在不同的国家生活,文化、生活习惯都非常不一样。虽然英语还可以,但是真正到那种环境里面语言上也会有一些障碍。刚去美国的前两年非常辛苦,但是我一直把遇到的困难当做是对自己的一种锻炼。比起两位老师来,这些都谈不上什么艰辛,我能够体会到通过自己努力以后的一些收获。

➢ 公忠坚毅是浙大基因中最核心的品质

梁君英：

非常谢谢三位教师。刚才邱老师的现身说法告诉我们，你看到的我可能都是光鲜的，但背后的我却是自己默默坚守的，这是非常重要的一点。邱老师在讲"重走西迁路"时特别强调说，我是完全循着竺可桢校长的足迹走这条路的。整整 80 年前，1938 年 11 月，在西迁路上，竺校长在开学典礼中强调，大学教育的目标，决不仅是造就多少专家如工程师医生之类，而尤在乎养成公忠坚毅，能担当大任，主持风尚，转移国运的领导人才。其实刚开始，邱老师就强调了公忠坚毅的重要性。

吴朝晖校长在今年本科毕业典礼上也说过类似的话，强调要知行合一，要树立大志向。而所谓大志向，就是要把人类的命运、国家的前途和个人的理想统一在一起。

我现在特别想问一下邱老师，您为什么觉得公忠坚毅是最重要的？

邱利民：

其实，公忠坚毅不仅仅是我们竺可桢校长的说法，而是中国传统精神的精髓。我们最重要的是学做人，我们要德才兼备，这就是做人。如果人做得不好，又何谈做科学家？我记得爱因斯坦说过，是聪明才智造就了伟大的科学家吗？不是，是人格。吴校长说过这么一句话，说浙江大学对学生的培养是一以贯之的，只是在不同的时代有不同的内涵，公忠坚毅是学校里最认可的一个共同的品格。兄弟高校的同仁有时会问，你们浙大的学生为什么培养得这么好？我说首先要教做人,然后再教做事,然后才是做学问,这是三个顺序的关系,这是浙大的道理。

梁君英:

谢谢邱老师,接下来想问一下陈老师。因为您承担了许多国家重大课题,包括最近在承担的"超重力离心模拟与试验装置"研究,这个重大课题将会对国计民生产生重大的影响。陈老师,我特别想请问您,您这么多年坚守在软硬土工程的研究领域,您是怎么理解浙大的"公忠坚毅"这四个字?

陈云敏:

今天晚上我们谈了很多浙大的"求是缘",但事实上我个人认为,浙大在培养人方面有浙大的特色,但不表示浙大培养的人一定比清华或者交大的好,各有千秋,其实清华也有"自强不息,厚德载物"的传统。所以,作为教师,我们就是要把自己学校好的基因传承下去。从学生的角度来说,在浙大不管是四年还是十年,你要真正学到浙大的精神,这是最重要的。其实你不进浙大,而是进清华或者是进交大,可能你就成为另一种特色。但是不管是哪个学校毕业,你都要有那种敢担当的气度,还要有情怀,这是非常重要的。

我跟大家讲一个故事。现在大家提到高铁都扬眉吐气,说是国家的名片,但是你知道日本新干线、法国的高铁、德国的 ICE 都比我们早很多。刚才梁老师提到我们那个教育部"十大科技进展"的成果,那时杨卫校长讲我们浙大要搞高铁。他说你是工学部主任,你要想想怎么进入到高铁领域。高铁一个非常重要的方面,就是高速铁路和一般铁路比速度快,比如说现在高铁的速度达到了 350 公里/小时。列车的运行速度超过了它的震动产生的波在土当中传播的速度,这时候就会产生马赫效应。我当初在欧洲的时候,在一个公司里工作了一年,那时候就接触到这个问题了。所以,我就想中国要搞高铁,必须要有一个装置,能够把高速列车与路之间的动力相互作用,就是这种马赫现象呈现出来。因为浙大不是铁道部下属的学校,不像西南交大、北京交大。后来我们做出了这个装置,把高铁中很多重要的问题在这个装置上重现出来了,所以得到了铁道部等的承认,我们才进入了铁道系统。做这个事情当初也是受到启发,我先去西南交大看,西南交大有高速列车国家重点实验室。他们做了一个"真车假路",就是所有高铁车辆都要在"跑步机"上跑步,行了才能到真的线上去跑,这个"跑步机"就像自动扶梯,列车在上面不断地跑。我就想我们能不能做一个"假车真路",相当于车在跑的时候,利用我这个装置就能够模拟出来。后来这个装置做成功了,也为我们今后搞高铁打下了基础,现在包括国际上很多学者都到杭州来做实验了。我是感觉到,不懂装置是很难成功的。

刚才说到的超重力离心模拟实验装置,这个工作其实也不光是为了搞土的。大家知道我们地球上的重力场是一个 g,然后像杨利伟飞到太空中去的重力只有 0.03g,我们叫微重力。人类对微重力现象的研究比较多,很多微重力实验现在在飞船上面做,包括育种等。但是研究物质的运动在超重力下会产生什么样现象的人并不多。所以我当初就在杨卫校长支持下,先做了一个能产生 150 倍 g 的超重力实验装置,发现在这个装置下可以做出我们岩土体运动的一些新现象。后来就向国家建议建设重大科研基础设施,在"十三五"获得国家的批准。我们国家"十三五"期间将会建十个大科学装置,我这个是其中一个。与此对应建成 80 个"天眼",贵州的"天眼"也是一个大科学装置。

所以,做工科的人一定要学会做装置,你用人的能力去研究跟加上一个像"天眼"一样的装置是完全不一样的。你用眼睛去看只能看得很近,有这样一个望远镜的话,你可以看到很多光年以前发出来的光。我们自己做装置,一定会发现以前没有这个装置时发现不了的东西,这就是我的一种信念。我觉得作为工科的也不能够光做研究,我在校庆讲话的时候就讲了,我们不能仅局限于利用现有的知识去解决工程的问题,更重要的是要发现和利用新的现象。谢谢(掌声)。

梁君英:

非常谢谢陈老师!陈老师非常明确地告诉我们,公忠坚毅这个品质是融入浙大血液当中的。2018年我们在总结浙大并校20周年时,有一段文字是这样写的,说1998到2018年,浙江大学改革发展的历程中,始终贯穿一个"人"字。而这个"人"最重要的品质就是勇立潮头,走在前列,想别人没有想过的事,做别人未曾做过的事。这可能就是浙大人,因为坚持,因为担当大任,我们一直走在科学研究、工程领域的前列。刚才邱老师也强调过,浙江大学无论从1897年到现在建校121周年,还是从1998年四校合并以来的辉煌发展历程,公忠坚毅一直是我们的核心品质。所以浙江大学的教育一直是强调人格教育为先,立德树人为先。这是浙江大学一直以来能够勇立潮头、走在前列所拥有的品质。

➤ 一流大学要做一流的事

梁君英:

说到走在前列的话,我们不得不提当下最重要的一个话题,就是"双一流"建设。这是浙江大学第14次党代会给出的一个中心思想,

现场图片 1

要牢记使命,勇攀高峰,为迈向世界一流大学前列而奋斗。关于"双一流",从 2015 年开始,陈老师您一直说,一流大学就是要做一流的事情。我觉得自己特别荣幸,能够有机会听陈老师再给我们解答一下,就是我们该如何来理解、执行"一流的大学要做一流的事情"? 您理解的"一流的事情"究竟代表的是什么?

陈云敏:

我先谈谈为什么要提"一流的事"? 当时四校合并后学校成立学部,让李伯耿和我去工学部做主任。以前做过院长,学院跟工学院(工学部)比起来是很小的,工学院或者工学部这个责任很大。世界上最好的工学院是哪个呢? 我们就想到是麻省理工学院(MIT)。什么叫做一流的工学院呢？我们就去查 MIT 的网站。一查就看到，自人类登月以来 MIT 做了许多世界上没有人做过的事情。比如说惯性导航、细菌电池等。我就想，浙大工学的历史比较长，1927 年成立的。1927 年成立到现在，我们有没有做过人类一流的事情？慢慢就延伸开来想到了"一流的事"的内涵。我们总结，一流的事情，首先是有社会的重大需求，这是工程学科的特点。第二，就是要有科学的内涵，如果没有科学的内涵，那也不行。然后我们研究了 MIT，MIT 做了很多人类一流的事。我们也很崇尚 MIT，因为它不仅仅在工业界很有影响力，世界上所有的跨国公司基本上都跟它合作。我们看到曾经和现在在 MIT 任教的老师获诺贝尔奖的有 80 多个，诺贝尔奖到现在获奖者一共只有 800 多个，MIT 占了将近 1/10。MIT 是搞工程研究的，诺贝尔奖主要奖励基础研究，他们工程研究非常好，基础研究也非常好。MIT 不是追求写多少好文章，也不强调是基础研究还是工程研究，它强调的是，这个事情既有社会的重大需求，也有很深的基础研究。然后在这个理念下，我们作为现在还不是世界一流大学的"一流大学"，首先要做到的是老师要有品位，你做的事情要拿得出手，就是一流的事，哪怕小一点的一流的事。你做教授做项目，要有品位，拿得出手。我认为这是非常重要的。

一流的事跟一流大学有什么关系呢？其实，科学研究就是教师水平的体现，很难想象不能做一流事的教授能培养出一流的学生。所以我在 120 周年校庆时讲了几句话。120 周年了，我们的校友们回来都希望母校成为一流的大学。什么是一流大学？我的理解，第一，我们的老师能够做出对人类的科技进步和社会文明产生持久深刻影响的事儿。当我们的老师能够做这些事情的时候，有可能是一流大学。第二，我们培养的学生、我们的校友能够成为公认的"一流的领导者"。刚才提到几位校长的教育理念，培养"领导者"是很重要的一个理念。这个"领导者"不是指政府官员，而是世界公认的各行各业的领导者。这个时候我们才能说浙江大学是一流的大学。所以我讲"一流的事"，是从"一流大学最根本的出发点还是要做一流的事"说起，有这么一个故事。

回过头来，其实同学们也不要认为浙江大学已经是最好的。我一直认为，我们真正用学位制度培养人的历史是很短的，1981年我们国务院学位办才批准，到现在才40年。西方国家有这么多年历史，剑桥、牛津有非常完善的学位培养体系。现在信息很发达，我经常鼓励我的学生不要全听老师的，长江一定要后浪推前浪，全听老师的肯定不行。一定要加强与国内外一流学校的联系，要博采众长。我一直认为，我们的师资队伍也应该博采众长，就是要和而不同。比如说，我的团队来自于五湖四海，而且专业各不相同，但是我们都是和睦相处，为了一个共同的目标（国家需求）去发挥自己的力量。如果能够做到这样，你就成为一个有思想的人，而不是盲目地随波逐流。

我今天想跟同学们说的，第一点就是挫折是你的财富，第二点就是要博采众长，不要拘泥于浙江大学这个圈子。我一直认为，浙江大学迈向世界一流还有很长的路要走，尽管校长在这儿，我还是要实事求是说。在这个过程当中，其实学生对老师的作用也是非常大的，有很多东西是因为学生有非常开阔的思想，反过来推动老师去思考，好的学生应该是这样的。我一直非常乐意跟学生一起讨论，因为说不定学生的思路、知识结构比我新，比我更好。所以，我非常希望今天跟大家分享，希望大家博采众长，把自己的智慧在求是园里迸发出来，这样从学校的角度也就达到了目的。谢谢(掌声)。

梁君英:

非常谢谢陈老师!我觉得陈老师对于一流大学和一流的事情,有着非常深邃的思考,而且他非常明确地给出了一个关键词,就是博采众长。希望同学们今天坐在这里无论你是代表土木系还是陈老师曾经向往的数学系,亦或是邱老师心目中最好的低温专业,都要能够博览众长。

关于"双一流",陈老师刚才讲到,老师要成为一流的老师,而学生要成为一流的学生,这之间是一个系统交互的过程。谈到师生之间的交互,我觉得邱老师在浙江大学无疑发挥了一个教科书般的榜样效应。邱老师在求是学院写《院长家书》,在竺可桢学院当常务副院长的时候,也经常给学生各种各样的指引。所以,什么是教育?教育不只是知识的传承,更多是一个灵魂与灵魂的碰撞,一盏灯点亮另外一盏灯,在心灵和心灵之间架起桥梁。因为我你变成更好的自己,因为你我会变成更好的自己。这是邱老师在"双一流"建设中特别是教育领域我所看到的,邱老师,您可不可以结合自己多年的教学、科研以及院长的身份,给我们分享一下您的想法?

邱利民:

被梁老师问住了,我刚才在认真听陈老师的话,其实今天我学到了很多。我觉得陈老师他有特别好的思考问题的方法论,刚才介绍了他怎么思考,怎么找到问题的关键。我们大学生来浙大干什么?最重要是学习方法论,我们校歌里唱"形上为道兮,形下为器"。其实"器"有很多的不同,具体的专业叫器,研究高速火车是器,研究低温工程是器,只有能量低才能够海纳百川。所以来大学最重要的是学习方法。

我经常跟学生说,最重要是"积极而正确的思考,乐观而坚定的行动",其实我们教给学生或者分享给学生的是思考和行动的方法。思考有不同的方法,每个人思考的模式都不相同,受主客观因素的影响也有,但是最重要是要积极而且乐观地去思考,在今天这个时代更加不容易做到。而如果不行动,只有一个错误就是懒惰;如果你下定决心去做,就有可能千错万错,因此只要去做就要乐观而坚定地行动。遇到困难也不要担心,要不断地去挑战。陈老师和岑老师可能都遇到过科研上几十个、几百个甚至上千次实验的失败,研究的失败,我们在教学管理的时候也有无穷多的困难。我跟何校长一起经历过艰苦的岁月,处理过很难的问题,但是我们熬过来了。有次我们碰到一个非常重大的事件,涉及300多个学生600多个家长,当时我们站在一起解决问题。演讲的时候我跟学生讲,今天就是我们最好的一课,是现场的上课,在解决问题过程中学习。后来这个问题解决了,很多同学给我写信说那时候邱老师您是对的。因此,如何进行行动也是非常重要的。这是我经常跟学生分享的话,积极而正确的思考,乐观而坚定的行动。后来我有一天顿悟了,其实不就是知行合一的简单道理吗,只不过需要通过反反复复朴素的实践去体会。

而今天大家在学校期间的载体,我们希望学生掌握正确的方法,将来为社会、为人类也为自己作出更大的贡献和努力。无论是在能源系、竺可桢学院还是今天的求是学院,我们就是希望通过实践,帮助大家找到载体。我想陈云敏院士学数学可以当院士,学土木可以当院士,其实就是他智慧,掌握了正确的方法论。我经常告诉我的学生,你跟我做低温做得好,你跟我一起做别的我也能让你博士毕业,其实在大学里最重要的是找到思想和行动的方法。对于老师来讲,我也特别幸运,你看陈老师不显老,岑老师不显老,我更不显老(笑声)。因为我福利好,看起来年轻。学校对我特别好,原来在竺可桢学院管四个年级,18 岁到 22 岁。现在到求是学院管大一新生,17 岁到 18 岁(笑声)。每年都换新的,天天跟年轻人在一起,教学相长,与年轻人一起成长。谢谢大家(掌声)。

梁君英:

邱老师给出的关键词有两个:方法论、知行合一。起先邱老师用两个排比句来表达,后来顿悟了,知行合一就是完美的呈现。非常谢谢邱老师!

接下来问一下岑老师,因为刚才陈云敏老师说"长江后浪推前浪",您作为在座嘉宾里的"后浪",您对"双一流"建设有没有自己的想法,对教书育人有什么见解?

岑海燕:

刚才听陈老师和邱老师谈"双一流"建设和教书育人,我已经学到了很多东西。其实,我回到浙大几年来,"双一流"这个词听得非常多,最近一次我对"双一流"建设有深刻领悟的是我们学院暑期务虚会。在务虚会上,学院领导汇报了学院这几年的发展情况以及今后将会面临的一些挑战。我目前所在的学科是农业工程,我们也很幸运,这个学科其实并不是很大,相对于浙大其他学院来说是一个很小的学科,但是在我们整个学院的努力下取得非常好的成绩,目前属于"双一流"建设的学科,在学科评估中也拿到了 A+。很快就要开始新一轮学科评估了,我感觉我们所面临的挑战和困难还是非常大的,我也感觉到每个老师身上的压力。

如果一个学校要成为"双一流",这不仅仅在国内所在的领域你要做得最好，走在前列；同时，在国际上你也要走在前列。我觉得从一个老师的角度，对于自己来说，首先要先把自己的事情做好，也就是做好"小我"，才能在这个国家或者学校的层面上去成就一个"大我"。其实对于老师来说，可能很多老师都会在国内参加各种学术会议，如果要真正走到"双一流"，要走到国际前沿，非常重要就是我们也需要去国际上发声。现在如果有这样的机会，我都会去国际会议上作报告，包括我们的学生也一样，给他们机会去参加国际会议。就像陈老师说的，你要把每一件事情都做得有品位、做得很好，搞科研也是一样，比如做一个实验，就要把这个实验或者产品像做艺术品那样把它做得最好。我们的学生去国际会议上做研究成果的报告，一定是要拿得出手的。所以，去参加国际会议之前，我都会让学生反复在自己团队里进行练习，把最好的成果呈现给所有的听众。因为我们出去是代表浙大，不是代表你自己，对于浙江大学的老师来说，这点非常重要，你要把最好的一面展现给大家。

关于学生培养，我觉得是"双一流"建设过程中非常重要的一个环节。我经常跟我的研究生说，将来你毕业后在这个领域掌握的知识程度肯定比我好，你应该成为我的老师。当你最终参加博士论文答辩的时候，你应该是这个领域的专家，其实下面坐着的可能都不如你做得好。你应该有这样的一种感觉，你到了这个程度你就真正达到了博士毕业的要求。因为我们要跟国际接轨，我们培养的标准一定也是跟国际接轨的，所以从老师和学生两方面都需要做到这一点。我也一直把自己当做一个学生，跟学生共同学习共同成长。

梁君英：

非常谢谢岑老师！访谈到现在，接下来就是提问时间了。我简单地总结一下,用符合记忆容量的语言。第一,挫折是一种营养,这是很重要的一点,大家一定要记住这句话。如果你没有选到自己心仪的大学或心仪的专业,没关系,这些都是营养。因为我们都有一个共同的基因,这个基因叫公忠坚毅。卓越自信的浙大人,卓越自信的浙江大学,我们一定会走向世界一流、中国特色、浙大风格的未来。刚才陈老师说了,我们离世界一流还是有点距离的,这是显而易见的。所以第二点,因为我们的血液里面还有一种气质特征,叫坚持,叫毅力,叫坚信自我,走向卓越。第三,一流大学一定要做一流的事情,那就是要知行合一,万事做到最好,因为很多时候细节会决定我们的命运。

现场图片 2

> ➤ **互动环节**

提问 1:

我来到浙大后发现和我心目中的大学是不一样的,因为高中老师说"过了高中你们就放人生大假了"。结果到了浙大以后还是很忙碌的,刚开始的时候非常迷茫,不知道要干什么,也不知道要怎么做。现在我特别忙,参加的社团也多,忙学习还要忙社团工作,还是茫然。对此,三位老师有什么建议吗? 谢谢老师。

邱利民:

大一新生确实比较容易迷茫,处于"迷茫期"。我们求是学院提了一个概念,第一年叫转型教育。从高中到大学,有两个转型。第一个转型是从学生到成人,你从一个被家长和老师"管"着的学生变成一个完全独立的学生;第二个是学习方式也发生了改变,从被动学习到主动学习,在这个转变过程中一定是痛苦迷茫的。

实际上你不够忙(在得知提问学生每天睡 8 小时后),我上大学的时候比你还忙,我是系学生会主席,学习成绩也是学霸级的,就是睡觉时间比别人少。那个时候浙大好学上进的学生都互相认识,因为都在通宵教室自修,一直学到很晚。而且关键是你忙什么,这个是最重要的,你是不是把时间用在刀刃上。比如说现在有的学生会开会,居然从晚上 7 点开会开到晚 10 点,把最宝贵的学习时间都浪费掉了。学生开会怎么能这样? 我们那个时候从来不会用整块时间开会,都是利用中午或熄灯前半小时开会。因此,怎么利用好你的时间非常重要,大学四年每个人的时间都是一样的,但毕业时每个人的收获和成长很不一样。我最近有个时间管理的讲座,特别欢迎你们来参加,我们一起交流,会教给大家怎么安排时间,长至一年,短至一个月、一周、一天甚至半个小时,这对学生会很有帮助(掌声)。

现场图片 3

提问 2:

谢谢邱老师。学校要培养我们成为"主持风尚、转移国运"的领导人才,那现在我们要树立怎样的理想来引导我们的学习,包括进一步的创新与研究?谢谢各位老师。

陈云敏:

刚才邱老师讲得很好,我补充一点。其实大学阶段能够真正找到自己的兴趣所在是非常重要的。大学是主动性学习,你要知道自己的兴趣在哪里。我们读大学的时候,当时家长管得特别少,就是受中学老师的影响比较大,所以上大学就有自己的理想,比现在的学生目标更明确。人生其实有非常重要的"三乐",一是乐在其中,二是知足常乐,三是要助人为乐。第一个对自己最重要,就是要乐在其中。如果在大学期间能找到自己的兴趣所在,就会终身受益。大学时期是人生非常重要的阶段,你要发现自己的兴趣并形成人生观。邱老师讲得很对,你要抓紧时间,也不能整天忙忙碌碌最后忙什么都不知道。我们那个时候条件很差,但学习特别用功,食堂排队买菜时都在背英语单词,如果有一天没有上图书馆或者上教室会觉得惭愧(惊叹声)。所以,在这个氛围下很少有人不用功的。当然现在社会进步了,各方面条件好了,但是大学时期千万不能认为比高中轻松,如果比高中轻松这个大学肯定是三流大学。

所以,第一要做好用功的准备,第二要有思想的动力,找到自己的目标和兴趣所在。如果兴趣所在的话,你一定会学到极致,你提的问题连老师都回答不上来,这时候你就进入研究性的学习了。还有一点非常重要,就是身体好非常重要,大学时期要学会一项自己喜欢的运动,是你以后能终身坚持下来的运动,这也是一种能力。我年轻时身体非常好,好的原因是每天跑步,洗冷水澡,现在还有一定的运动能力,也可以游泳1000米(掌声)。我当过系主任,一、二年级的学生有不少退学,而且拿不到学位的学生有10%。我当时觉得很愧疚,浙江省的学生进浙大高考要前3000名,外省名次更前,结果进浙大一年后让家长领回去了。我就要求辅导员首先要把"主战场"管好,不能让学生身体不好或者学业不好。体育课大家要真正学到一种终身可以锻炼的技能,掌握一门锻炼的技能,非常重要,终身受用(掌声)。

梁君英:

谢谢陈老师,我今天准备了一张PPT,完全符合刚才陈老师所讲的。我们要养成"公忠坚毅、担当大任"的品质,最最基础的就是要有一个好的身体素质,有锻炼的能力,它是一切可能性的基石。这是一个很好的建议,来自我们的学长。接着,就是要有自己的兴趣,再就是要有信念,因为我们是浙大人。

提问3:

各位老师,最近有个问题困扰了我很长一段时间,因为我想象中的大学或者说浙江大学应该就是真真切切的求知,摆脱了应试教育,所以当上课时听到老师说讲一下考点或考试重点的时候,我有点抵触。我想请问一下,在大学应该如何看待考试?

邱利民:

其实你应该珍惜大学本科、硕士、博士阶段仅有的考试,没有比考试更能检验你学习的成果的了,因此不要厌恶考试。其实,你能来到浙江大学就是因为考试,但是大学的考试跟中学的考试完全不一样。浙大实行四学期制,高等数学一年就完成了,不可能像高中那样将知识点反反复复地教给你,考的过程一定是高强度、高难度的,靠你自己的训练。因此,你应该乐观接受这个事实,同时应该感谢这个老师。

什么叫一流大学,其中一个重要特征就是一流的本科教育。一流的本科教育,必定是信息量巨大、知识量巨大、考试巨多、报告巨多,天天忙不过来。如果是在MIT,在斯坦福或者哈佛这样的学校,你选四门课程已经受不了了,因为有大量的作业、大量的报告、大量的考试。我们的考试不是太多了,而是太少了。我们今天要培养的是具有全球竞争力的人才,将来你走到世界的舞台,你会后悔老师考少了。在国外,哪怕是高中、大学,每周考试,每周交作业。在这个过程中,磨炼你的不仅仅是知识,更是快速接受一个新领域的能力。我们有个校友原来是竺可桢学院混合班的,聚光科技的总裁,他有个特别的能力,就是快速进入新的领域。他是学光学的，但是在企业跟我们一起做能源。他说你先给我推荐三本书，他回去看完后就开始提问题，提了问题之后全中国范围内寻找专家，一个一个去聊，一个月之后这方面知识的程度已经很深了。他说如果给我三个月，我会是这个行当响当当的专家。他就是被我们竺院考出来的，因此我认为我们考得还不够。

还有一个不够的地方，我们在过程管理上是不足的。为什么美国一流大学的学生进步快，因为每次考试之后的及时反馈。因此从明天开始，你热情地告诉老师说我希望考试，考得更猛烈些吧（笑声），但是要随时告诉我怎么样才能做得更好，这是你来大学的目的（掌声）。

岑海燕：

我来补充一下，我非常赞同邱老师的观点。比如你们考试，一学期就考两次，一次期中考，一次期末考。我在美国读博士的时候，涉及很多数学的东西，我选了一门数学系博士研究生的课程《偏微分方程》，当时每周上两次课，每次课都有作业，考试有期中考、期末考，平时每个月还有一次月考。这是研究生课程，你们可以想象，其实本科生课程的考试次数要远远高于研究生的课程。前段时间我去了一次康奈尔大学，见到了我们系里两个"2＋2"的学生，他们告诉我作业非常多，每周有作业，他们的考试就是一周考一次。这样下来，学生很容易知道学的东西到底有没有掌握，他们每天都非常繁忙。你如果有机会去国外大学的话，你就会看到中午学生啃着面包坐在地上写作业，晚上有可能讨论到两三点钟，我在那边读博士时也干过这样的事情。

这次在康奈尔大学，有个学酒店管理的本科生跟我交流，他平时课程非常忙，他在课程之余培养了自己的一些兴趣爱好。因为他是做酒店管理的，我是搞农业的，我当时就觉得很诧异，为什么要来找我交流。结果这个学生跟我说，他正在写一本与智慧农业相关的书，这是他的课余爱好，他希望通过这本书能够让美国更多的农民去了解哪些高新技术可以用在农业上面。我当时就觉得很不可思议，一个本科生居然在写这样一本书，而且他已经采访了农业领域的七八个专家，所以本科阶段是非常繁忙的(掌声)。

陈云敏：

我觉得这个问题很重要，因为学生最怕考试，其实老师也怕。比如说我们这个行业是注册制的，我当系主任了还要去考国家的注册工程师。就是你要设计房子，你要有注册权，美国也是，很多行业都是这样，比如注册工程师、注册医生。我要说的是，考试是学生必须要经历的，这是第一。第二，考试是合格考试，它是衡量你有没有掌握知识。比如说注册工程师是最低标准的考试，并不是说你考上了注册工程师，你就是最优秀的工程师。其实，我们大部分课程的考试，都是衡量你有没有掌握这门课的基本知识，有没有这个知识结构。但是我觉得，如果学生仅仅停留在掌握基本知识上那是不够的，所以你的兴趣所在非常重要。

我个人反对学生选很多课但每门课都没有学到极致。其实对现代人来说知识是不值钱的，只要你掌握基本的方法，你想掌握知识，发达的互联网就可以帮到你。就像刚才邱老师举的例子，那个学霸说你一个专业的课程我三个月都能搞定。这个"搞定"是懂那些知识，并没有到能研究的程度。但是我们必须要通过深入钻研，钻进去学，感悟到比如数学或者物理的一些精髓，然后形成你的思维方法，思考问题的方法。那样，就是进入到状态了，慢慢就形成了自己的兴趣和特长。这是我的一个理念，所以我特别不希望学生学很多课，学得很累，但是

31

没有一门课有深刻的认识和见解(掌声)。

梁君英:

非常谢谢大家,感谢三位老师给我们带来的分享,也感谢现场同学非常有代表性的提问。这是我特别喜欢的一张照片,2017年开学典礼的照片,我看到这张图的时候想到了八个字,进入浙大一定是"一见钟情,二见倾心"。其实到了浙大以后,我们都承担起了一个角色叫做"浙大人"。有一句话说,愿你不负天赋,早日成为自己的灿烂星辰。希望我们在座的同学不负自己的天赋与潜力,早日成为像我们身边非常卓越、自信而又乐于分享的浙大老师那样的人。

最后,我们依然要强调的是,今天的主题词是浙大人、求是缘,刚才老师们都强调公忠坚毅的重要性、关于坚持的重要性,我请大家一定要记住,今天对我们来说,是一个非常重要的成长机会。请大家带回去一个小小的记忆:第一,挫折是难免的,将挫折转变为一种营养,就能滋养着我们一路前行的力量;第二,公忠坚毅是浙大人的气质特征,成长型是我们的人格魅力。

最后,请所有的老师和同学起立,向我们的学长致敬。非常感谢在座所有的老师和同学,非常感谢我们的三位嘉宾,非常感谢今天活动的组织者——女教授联谊会、校工会和求是学院的老师! 谢谢大家,谢谢你们,谢谢(热烈掌声)!

会后合影

（摄影：张　莺）

今天，我们如何当老师？

——教师发展委员会首秀"师说"论坛

"一个人遇到好老师是人生的幸运，一个学校拥有好老师是学校的光荣，一个民族源源不断地涌现出一批又一批好老师，则是民族的希望。"立足当下，我们如何成为一名好老师，让我们一起探讨。

背景介绍：

教师是立教之本、兴教之源，是学生培养和一流大学建设的主力军。为了更好地关注、关心教师群体，落实师生为本的办学理念，2014年浙江大学在全国高校中首设教代会教师发展委员会。浙大教师发展委员会以"关心事业发展，促进水平提高，咨询政策制度，推动思想建设，引领教师文化，加强人文关怀"为工作宗旨，精心打造"师说"论坛品牌，首期"师说"以"今天，我们如何当老师"为题。

访谈嘉宾：

叶志镇①，男，浙江大学材料科学与工程学院教授、博士生导师，浙江大学求是特聘学者，浙江省特级专家，全国优秀教师，宝钢优秀教师奖获得者，浙江省师德先进个人，浙江大学"三育人"标兵，浙江大学首届教代会教师发展委员会主任。

---

① 叶志镇教授2019年当选为中国科学院院士。

潘一禾，女，浙江大学传媒与国际文化学院教授、博士生导师，浙江省首届高校优秀教师，浙江省师德先进个人，浙江大学"三育人"先进个人，浙江大学优质教学一等奖获得者。

欧阳宏伟[①]，男，浙江大学医学院教授、博士生导师，浙江大学求是特聘学者，国家杰出青年基金项目获得者，浙江省师德先进个人，浙江大学"三育人"标兵。

访谈主持：

梁君英[②]，女，浙江大学外国语言文化与国际交流学院教授、博士生导师，浙江省高校第八届青年教师教学技能竞赛特等奖获得者。

时　间：

2014 年 10 月 30 日

地　点：

浙江大学紫金港校区校友楼 395 报告厅

访谈实录

梁君英：

尊敬的各位老师，我亲爱的同事和同学们，今天我们坐在一起，讨论一个共同的话题，就是"今天，我们如何当老师"。关于"老师"这个话题，早在 1200 多年前，韩愈在《师说》中就明确指出，"师者，所以传道授业解惑也"。比《师说》发表更早之前，《礼记·大学》指出，"大学之道，在明明德，在亲民，在止于至善"。了解浙大历史的老师、同学会

---

① 欧阳宏伟教授现任浙江大学国际联合学院（海宁国际校区）院长，浙江大学教代会"三育人"工作委员会主任。

② 梁君英教授 2019 年获宝钢优秀教师奖，现为浙江大学女教授联谊会副会长，兼任教育部高等学校大学外语教学指导委员会秘书长。

记得,1938 年 11 月,竺可桢校长在新生开学典礼上明确提出:"大学教育的目标,决不仅是造就多少专家如工程师医生之类,而尤在乎养成公忠坚毅,能担当大任,主持风尚,转移国运的领导人才。"传递了我们浙大这么多年一直秉持的八个字,那就是报国强校,通才爱民!

　　这个画面大家可能很熟悉,最近这几天在网上传得很多,我们浙大的四任校长,他们站在一起深情凝望这座城市,深情凝望这所大学。因为一所学校,我们会爱上一座城市;因为这所学校,我们才会更加热爱这个讲台。所以,我们更有理由坐在一起共同来探讨这个话题,就是"今天,我们如何当老师"。这个话题似乎非常普通,但是我们相信在一个普通的话题之下,会蕴含很多生动的、具体的、鲜活的东西,值得我们在座的老师和同学静下心来好好地了解、消化、传承给我们更年轻的一辈。

从左至右:梁君英教授、叶志镇教授、潘一禾教授、欧阳宏伟教授下面，我想替在场的听众问一个共同的问题，三位老师你们是怎么定义老师尤其是一个好老师的？

➢ 什么样的老师是好老师

叶志镇：

各位老师、各位同学，大家好，很高兴与大家交流。我想，1200多年前老师的定义到现在应该会有发展，当然，传道授业解惑仍然是教师的职责。学校的根本任务是育人，既然是培养学生，我认为好老师的第一个要求就是认真教书，但如何认真教书很有讲究。

第二个我认为要关爱学生。浙江大学不是普通的中小学也不是一般的大学，我经常跟学生讲，每年高考有几百万、近千万考生，只有5000多人能进入浙大，这么优秀的学生到浙江大学来，我们难道不应该好好关心培养他们？所以，我认为好老师的第二个要求是关爱学生。

第三，仅仅认真教书、关爱学生，境界还是不够的。浙江大学是一流大学，要向世界一流迈进，老师要有卓越贡献，才是一流大学的老师。所以，我对好老师的定义是三个方面：认真教书，关爱学生，卓越贡献，这是我的理解。

梁君英：

谢谢叶老师，认真教书可能是对自己的要求，关爱学生可能是跟学生的互动、共同成长，而卓越贡献就是一种更高要求。潘老师，您作为人文学科的教授，您对好老师有什么样的定义？

潘一禾：

我觉得好老师要有三个爱，一是爱生，就是爱生命，爱生活，健康地生活,知道生命是有限的。我觉得能成为好老师的人其实做任何工作都能做得好,但是当老师的时候做得特别好。二是爱老师这个职业,现代社会有那么多的职业,但是老师这个职业最古老最神圣最好,跟人类文明共存亡。三是爱专业。当老师可以一生去从事一个跟你的性情、跟你的志趣特别相投的一个专业,然后毕生去献给它,还可以跟学生交流,真是太幸福。所以爱生,爱职业,爱专业,这就是好老师。

梁君英:

谢谢潘老师,苏格拉底曾经把教师职业比作助产士,好像把一个生命从母体带到了人世间,给他生命给他爱。所以爱是一个特别美好的关怀,让一个人成长。欧阳老师您作为医科的老师,又是一个非常年轻的海归教授,您是怎么界定好老师的?

欧阳宏伟:

我可能和浙江大学新来的老师比较有类似感,我一直说我们来浙江大学做老师,没有经过一个很好的师范学校的培训,是因为学问进来,作为人才/教授引进的。10年前我来浙大成为了老师,在当老师的过程中,我也一直在思考。

在我的成长过程中接触过很多好老师,我因为他们才成为今天这个样子,他们提供了一个好老师的"模板"。所以,我总结我遇到的好老师有两个特点:第一,他本身就做得很好。他的资质很好,我们称之为 3R 导师,就是有 resource(资源)、reputation(声誉)和 reason(理性),他有很好的学术资源、学术名声和学术造诣,通情达理,有很好的人文素养,就是他的资质。第二,老师的功能也发挥得很好。我觉得老师主要是被学生需要,而学生最需要的还不只是学习知识,更重要的是真的解惑,因为学生在成长过程中有很多很多的困惑。所以,我觉得好老师就是有 3R 的资质,然后有换位思考,能解答学生的困惑。

➤ 好老师是在教书育人的过程中成长起来的

梁君英:

今天坐在这里的有许多非常年轻的面孔,我们其实都很想知道,三位老师在各自的领域都做得这么好,背后的故事是怎样的。比如说,你们也有过非常年轻的时候,也可能有面对过一些特别的问题。接下来我很想问的是,在你们成为今天这个样子之前,在你们刚刚走上三尺讲台的时候,有没有过特别困难的时候?有没有过曾经困惑的问题?是什么样的力量让你们"破茧而出"?破茧化蝶是一个非常动人的时刻,但是在此之前一定会有阵痛,这应该是一个自然规律,所以我们很想问一下叶老师。

叶志镇:

今天是教师发展委员会的活动,所以我觉得应该关注"发展"两个字,老师也有一个成长过程。我的经历可能比较特殊,我是"文革"后第一届高考考上浙大的,在进浙大读书以前,我曾经当过三年半的中学老师。现在年轻老师跟我当年博士毕业后当老师相比,可能压力会更大一些。我是 1977 年考上浙大,从电机系、光仪系到材料系,1988年进入浙大硅材料国家重点实验室工作,一转眼已经在浙大当了 26年老师。加上之前中学老师的经历,我已经拿到了任教 30 年教师荣誉证书。

首先,我认为老师是在教书的过程中成长起来的,对于年轻老师来说,自己也需要成长。比如我年轻的时候,一边要上课,一边要找科研项目,在这个过程中,每个人都会有困惑。青年老师在自身成长过程中,可能在教学中碰到困难,可能在科研上碰到困难,甚至在与人相处上都有困难。但是,如果我们选择把老师当作职业来做的话,碰到困难,就必须前进。当老师,一开始可能会教不好,但你认真去学,总会慢慢提高。所以当老师最低要求首先应该上好一门课,然后再写一本好书。这样就不会把教书当作一种负担,而是作为自己成长的阶梯。因为在教书过程中,你会有感悟,每次上课都是提升。其次,教书不仅仅是我们付出,学生实际上也是你的老师。很多学生很优秀,在与学生的交流中,提出问题后他会反馈,促使老师进一步思考与研究,所以老师在不断地成长中。

现在年轻老师"压力山大",说房子很贵,工资不高。我当年结婚的时候,跟我夫人讲,我没有房子,也没有任何东西,但经过我二三十年的努力,该有的都会有的。事实也是这样,我们是绩优股。当年轻老师成长为著名教授,取得学术成就时,他为国家做很多贡献,贡献的同时还培养人,这就很高兴,很有成就感。刚才你问,叶老师有没有碰到困难,一个人总会遇到困难,比如出国访学的时候,比如认真工作的时候。没有困难不符合辩证法,一帆风顺不一定是好事情。浙江大学的教授不是普通教授,也不是中小学老师,我经常跟学生说,中小学老师可能像摆渡人,将学生从这一岸渡到那一岸。我不是,我一直在大海航行,一直不断地往前走,始终研究走在前头。我今年六十岁了,但还有很多事情在做,充满着激情去奋斗,几十年一直在努力。

梁君英:

叶老师已经很明确地告诉我们,第一,这个世界是辩证的,所以有艰难有困难是正常的;第二,教学是一个不断成长的过程,一个自我发展的过程。不知道潘老师您是怎么想的,作为女老师有没有碰到特殊的困难？您是怎么做到保有一份宁静走到今天,既有教学上特别良性的累积效应,又能做研究能写书？

潘一禾：

非常感谢梁老师的第二个设计,直奔我们在浙大当老师的一些核心命题,我们是有困惑的。在浙大当老师,外面的舆论经常传说,非常难,非升即走,待遇也不高。刚来浙大当老师的年轻人其实已是博士毕业,家里已为你付出了很多,你自己也已经付出了很多,但是你得到的最初工资和最初的考验实在是太严峻了。而其他单位可能没有那么严峻,那么,浙大的好真的能抵得上你面临的考验吗？

在这点上,我比较同意最近网络上很红的一句话,叫做"每一代年轻人都有他们的困难"。所以,我愿意跟大家分享一下我年轻时的经历。我也是"文革"后第一批大学生,1982 年杭州大学毕业,毕业时是包分配的。我记得当时在最后一刻突然告诉我说留校当老师,在 9 个留校同学里我是唯一的女生。至于留校当什么老师,明天告诉你。然后说可能是教现代文学或者外国文学。大家都知道,现在大学里一级学科二级学科,二级学科下面可能还有你自己感兴趣的具体领域,其实这个跨度是非常大的。第二天告诉我,你就教外国文学,然后一个星期内告诉我说,你一个月以后到陕西咸阳西藏民族学院上讲台。也就说,我的第一个讲台不是在杭州大学,是到外面去。为什么让我一个月以后,因为那是一个学校得到的国家任务,要求浙江派优秀的老师到陕西咸阳西藏民族学院去援藏。当时我们教研室老师本身就很少,他们各自有各自的困难,有家庭的,还有个人身体的原因。我是刚留校的年轻老师,就希望我能去,但是他们为了照顾我,给了我一个月时间备课,另外一个老师克服困难先去一个月,然后我去接班。接到任务,我就赶紧把当时能找到的书全部收集起来,天天看。

一个月后就奔到那里,我也跟大家分享我经历的"压力山大"。去了以后,学校负责接待的一位副校长就非常生气,对着我说,他们怎么可以派你来,你是一个新教师,我们任务书上写的是优秀教师。上第一节课的时候,他就直接坐在第一排的正中间。他这样真的给我很大压力,因为他其实在告诉学生,这个年轻老师我们不信任。在接下来一个多星期以后,他又派别的老师来听我的课。在最后考试时,我考卷发下去,他带着几个老师冲进来说,停下来,我先检查考卷。当然,那张考卷是经得起检查的,你到北大去可能也就这个水平。那时我也知道我是一个新老师,我在外面如果没有上好课的话,不光是影响我的名声,还有我们杭大的名声,还关系到我们整个浙江省的援藏任务,如果毁在我的手上的话,我也不知道应该怎么交代。我可能不是像你们现在考虑的"非升即走",事实上我觉得"非升即走"这个信息在传播的时候出了一些问题。其实从浙大走出去的老师,哪里不可以去?但是我当时确实体会到那种叫没有退路。

所以,我还是要讲,如果你热爱生命,热爱职业,热爱你的专业,可能你还是不怕,特别是如果你年轻的话。当时所有的课我都很认真地备,那时没有 PPT,也没有复印件,学生还没有教材,只有我手上的一个讲稿。我每次去上《外国文学》的时候,能够背的诗全部都背下来,能够背的段落都背下来,当场就是背诵给他们听。我觉得那样讲的时候学生就听进去了,学生在做笔记的时候就有感觉了,所以青春你就不用怕,最后任务完成了。回来后,也没有任何人来问我任务是怎么完成的,就说小潘你回来了,好的,下学期的任务是这样的,我也没有觉得我非常好地完成了任务。

现在回过头来看，我觉得当时我课上得还可以，但许多西藏同学和援藏干部子女问了我很多问题，我还没有能力真正帮到他们，这是我一生的一个内疚。所以我后来为什么会关心政治学？为什么会关心跨文化交流？我觉得第一次上讲台的经历，对我的影响很大。那个时候我的知识储备确实不够，我只是用很简单的方法去安慰，没关系，事情都会解决的。因为那么多的援藏干部，他们把一生放在西藏，但他们的孩子很想走出来，他们问我应该怎么走出来？我那个时候就真的没有能力回答他们，如果我现在去，我就完全有能力了。

所以，我非常同意叶老师说的，和学生在一起，无论是他们的智慧，还是他们的难题，其实跟你是完全共通的，而且你越跟他们交流的时候，你越觉得自己热爱这个职业，而且你有特别大的发展空间，在做老师的时候，你无论是为自己、为学生还是为国家，有太多的事情可以做，没有比这个更好的职业了。

梁君英：

听潘老师的讲述，我特别感动。谁没有年轻过？谁没有特别艰难过？但凭着她的良善、她的悲悯、她的坚持，走到了今天。刚才叶老师说，做老师的幸福在于它有良性的累积效应，就是当我们往前走，风雨慢慢都会过去。欧阳老师跟我们在座的许多年轻老师有相似的背景，很长时间学习工作在海外，那么您回来之后有没有面临什么样的问题？您是怎么做到让自己在这块土地上，无论在风雨中还是在明媚的阳光里，都依然在奔跑。

欧阳宏伟：

叶老师和潘老师都是资深教授，他们在年轻时遇到的困惑或者挑战，可能不是我们这一代年轻人所能体会和经历的。当然，每一代人的青春都有它的挑战。我从海外回来快十年了,九年多前刚回来的时候,其实也有困惑。我觉得年轻老师的困惑主要是两种,一个就是自己现实生活中的困惑,自己成长的困惑;第二个就是面对学生渴望成长的眼神,你如何去带着他们成长的这种困惑。

我刚回来的时候,还在老医大那个地方,没有实验室也没有空间,那个时候不像现在发展这么快。记得回来第一个月工资 4300,我在国外的时候一个月 43000 都不止,回来就变成 4300 了,这是我当时的困惑。但是中国发展得非常快,我现在已是求是特聘教授,生活小康没问题了。所以对年轻人来说,中国现在的机会特别好。

至于我是如何度过这九年或者是前面五年比较难的时光。我想说的是,其实能支撑一个人往前走,我琢磨就两样东西,欲望或者信念。如果是欲望的话,常常就是不自主的,你会刹不住车地跟着诱惑走。另外一种就是 belief,就是你自己的信念,可以带着自己往前走,每天早上起来你知道往哪个方向跑,所以我愿意去讲,我还是一个有理想的人。

我记得我回来刚开始去讲理想的时候,底下的本科生说"切"(不以为然),现在就不"切"了,大家开始相信理想。我觉得之所以有学生不相信理想,是因为觉得理想未必能实现。所以我们做个假设,有理想(即便理想没实现)和没有理想,差别在哪里?你有理想没实现,但是你每天起来知道往哪个方向跑,你心里带着希望,有希望的生活其实是幸福的。你如果没有理想,你每天都是茫然的,不知所云、不知所向,那种生活是混沌的。所以有理想有方向的生活,一定会走向某种成功;没有理想的生活方式,你就不知道往哪里去。

因为在我成长过程中曾经有很多闪光的教授,所以我当时回来肯定要成为那样的教授。我常常是拼凑了三个老师,把他们最好的地方变成我心里面最闪光的教授,然后就不断地向闪光的教授形象靠近,这就是我当时面对自己个人困惑的走向。另外就是如何面对学生的困惑,一方面我不断地回想当时老师是如何给我帮助,另一方面我不断地回应我自己做学生时候的困惑,然后再以己所欲施于人,我当年需要什么,然后我现在就赋予学生什么。这就是我面对的第二个困惑和所采取的做法。

另外,我觉得学生可以给自己意想不到的东西。我跟叶教授可能有一点不同的想法,叶教授觉得在引领学生,也是对的。但是我觉得某种程度上我更像一个珊瑚,因为在我这棵树上将来会有很多新的生物体进入,然后会不断地延伸形成一棵树。我是巴德年院士引进来的,那时候他就觉得作为一位浙大的教授,得有开宗立派的勇气。当时我听了突然觉得人有时候是定位决定着行为,浙大的教授不是说让自己成为一个杰青,成为一个大教授,发表几篇文章就可以了,原来要开宗立派。所以说,你在帮助学生过程中真的要热爱学生,我觉得80后90后极富有创造力和创新性。我们可能有经验和方向感,但是创造力在80后90后那种状态之下,我觉得我今天的成就在于我很多学生的创造力。我回来以后培养的6个博士都毕业了,全是优博生,全国优博提名。因为他们的杰出成就了我,我成了求是特聘、杰青,所以教学相长我体会很深刻。今天的浙大、今天的中国比任何时候都好,浙大的学生非常有创造性,相信学生,拥抱学生,教学相长。

➤ 在浙大你可以看到整个世界

梁君英：

我们确实处在了一个非常好的阶段，刚才欧阳老师说到的一点特别让我动心，就是开宗立派。今天机会非常难得，我们三位老师都分享了各自的心路历程，他们在各自领域都有着很高的建树。谈到开宗立派，就是说我们开创的某个东西将以您本人命名、将以浙大命名。叶老师，我在准备今天的访谈时，特别感兴趣的是您开创了一个"老叶精神"，我很想知道您是怎么慢慢发展出您的"老叶精神"？

叶志镇：

谢谢！刚才你们讲到我们浙大发展很好，我部分赞同，因为浙江大学现在排名挺靠前。但是至少在我看来，我们浙江大学还需要很多努力。我 1990 年去美国 MIT 留学，那时中国还很落后，很幸运遇到我的导师现在 MIT 的校长，两年不到的时间，真的学到了不少东西。现在中国发展了，科技也发展了。如果说，二十多年前我们是百分之百学习人家；十年前的时候，应该是百分之七八十学习人家，我要讲讲 20% 自己的东西；现在代表中国出去的时候，我们应该谦虚点，介绍自己工作 40%，学习人家 60%，因为我们还需要学习很多，与 MIT 等世界一流大学还有许多差距。

我从事的是半导体薄膜研究，我非常感谢路甬祥校长。1992 年我从美国麻省理工学院访学回来，路校长找我谈话提了希望。二十多年过去，我一直照着他说的那样去做。我所在的实验室现在叫硅材料国家重点实验室，当时叫高层无极硅烷实验室。第一次国家评估的时候，成绩很不理想。所以路校长说，叶志镇，你来这个重点实验室工作,协助阙端麟院士一定要把重点实验室建设好。第二,人家搞硅单晶的,你要做好自己的工作,薄膜。如果经过十年二十年甚至三十年,薄膜做到中国最好,在世界上一说薄膜,就知道浙江大学叶志镇,你就成功了。二十多年来,我一直认真围绕着这个目标工作,这是第一个感谢。第二个感谢,我从 MIT 回来,路校长拨了 10 万经费支持我,买了设备建了实验室。当然,我开辟了半导体薄膜这个领域。我一直在工作中不断地激励自己,经过努力,我们的重点实验室评估从不很理想到良好,再往优秀冲刺,应该还是不错的。

工科和文科、理科不同,工科是一个团队。团队建设我说是"五个一"工程,就是一个团队里面一定要有一个好的带头人,首席科学家;这个带头人有一个方向,这个方向应该是科技前沿或者国家重大需求这样的方向;然后这个方向要带着一批人;最后围绕这个方向,申请一批项目。经过十年二十年甚至三十年努力,做出一批成果,然后慢慢就脱颖而出。

当然,只有我们的国家发展到一定程度,才能为科研提供更多支撑。这么多年过去,我们浙大原来世界顶级期刊文章很少,现在好文章出来了,Science/Nature 上不断出来。现在整个国家发展到这个程度,浙江大学发展到今天,我们是一步步干出来的。所以,第一我们要充满信心;第二要有自知之明,我们还要努力学习。

梁君英:

刚才我们听到两代人对同一个现象做出的评价,叶老师的观点我们非常能够理解。现在我想问一下潘老师,很多人评价潘老师都说她是一个坐在路边鼓掌的人。作为一个人文教授,以您这么深厚的文化底蕴,您在经历了自己的发展阶段之后,怎么能做到面对名利不动心,而选择一个坐在路边鼓掌的姿态,而且恰恰是路边鼓掌赢得了很多赞誉,成为一个温暖、让人心动的教授。

潘一禾:

非常感谢,我跟叶老师一样,是五六十年代出生的人,我们看到的阶段更长,经历"文革"特别是改革开放三十多年的历程,所以我也非常同意叶老师的观点。我是1989年到1992年到美国留学的,我觉得中国现在跟美国的差距还是很大,我们在看大学排行榜时既要高兴也要冷静。

作为人文学者,我觉得在看到这个差距的时候,更要对真相和真理有一个虔诚的态度。中国现在确实有机会向世界发出自己的声音,对遇到的问题用中国智慧来提出自己的一个解决方案。这个在自然科学方面可能有一个客观标准,在合作的时候也是一个比较容易的通道。所以在浙大这么多年,接触了理科的老师和工科的这些团队,感觉他们可以很迅速地进入一个合作的状态。但是在人文和社科领域,事实上每个人对一个问题的看法,它后面有非常强大的语言特色、世界观的差异和价值观的差异。所以在这个过程中,无论是对你的传播、你的表达,还是你的沟通、你的交流,提出的要求更高,而且对人格的要求更高。就是你要学会倾听,而且要真正听懂,以别人能够接受的方式去跟他们交流。

我觉得其实跟学生的交流也是一样,我也非常同意欧阳老师的感觉,就是现在的学生跟过去的学生完全不一样。我曾经有个说法,老师第一个阶段是恩师,第二个阶段是导师,第三个阶段是向导,现在我们都在第四个阶段是陪读。现在是信息时代,很多学生其实跟我们完全在同一个起跑线上,甚至是学生在信息高速公路上跑得比你更快,技术掌握比你更灵巧,那么你跟他之间本身就是一个合作的关系。作为一个人文老师,可能大家也能体会到,为什么浙大这个学校对老师有特别的魅力?我觉得,一个原因它是全科型的,在这里你可以看到整个世界。

有些学校可能某个方面强,然后它所有的力量都跑到那边去,其他都是陪衬。在浙大只要你自己摆正位置,你永远不会是陪衬。就我来讲,我在浙大拿了很多教学上的荣誉,但是说实话,四校合并后我在浙大上的都是选修课,给理工科同学讲人文。因为浙大四校合并以后,人文学科的教师多了很多,不少老师跑到不同地方去自寻深入。浙大好的地方,就是你可以找到自己的生存空间,并且坚持自己的追求。

第二个我觉得人文学科,它在评优或者评职称的时候,跟工科也非常不一样,工科有客观标准。文科在评价某个老师的研究水平(成果)是不是达到了教授或副教授的标准时,我觉得有一个人格要求。你要从个人的趣味、个人的观点、个人的视角跳出来,站在一个学科的标准上,站在一个中国学术的标准上,站在一个世界学术标准上,给他(她)一个客观公正的评价。当然,在这个过程中间,也会有一些摩擦,也会有人文老师的压力。有些老师很委屈,就觉得我真的做得很好,但就是得不到承认。但是我觉得在浙大,人们传说中的体制性东西,有的时候在于老师自己还是没有学会怎么去理解体制。从这个角度来讲,我对浙大的这种多元化,给我们的完整的、生态的这么一个成长环境,是很感激的。我觉得正是因为在浙大你有特别大的压力,所以你才有特别高的荣誉。

现场图片

➤ 浙江大学培养的人才应该有大德大贡献

梁君英：

非常感谢潘老师，您每次都能把我们人文学科老师面临的问题陈述得非常清晰，而且有清楚的路径，就是我们该怎么面对。同样我们也相信，在日益多元化的学校建设氛围中，浙大也体现出对于青年教师全方位的关爱，比如说，虽然我们存在"非升即走"的压力，但同时也推出了许多有利于青年教师发展的政策，我本人就获得了学校"青年教师骨干培训计划"支持去了加州大学伯克利分校访学。关键是我们在执行层面上，第一要发现自己的能力，第二能够充分融入一些团队的合作。

刚才潘老师也讲到了合作，相对来说，人文学科比较资深或者年长的那批教授，可能更多走的是个体发展注重个人魅力的学术之路，但是对于我们70年代或者80年代出生的，纵然是人文教授或者社科教授,随着学术交融,也越来越呈现一些交叉学科团队建设、跨学科合作的趋势。我知道欧阳老师这方面做得特别好,您的团队做出了一系列高质量的研究。我特别想知道,您刚从国外回来的时候,是否也有过本土化过程中的困惑,在风雨中依然奔跑的时候?可不可以结合您自己发展的阶段,告诉我们,在充分自我成长的过程中是怎么进行团队建设的?

欧阳宏伟:

这个命题太大了,团队建设是国内外任何一个大学都会面临的一个挑战,我也不敢说我真的有啥经验,只是说我总是面对着这个问题。无论是自己带的研究生还是博士后,或者自己底下的讲师,其实我也一直在思考着。十年前回来时发现,一些国家重点实验室和工程中心,就是一个很资深的院士、大教授,中间就没多少人,然后就一堆研究生,大概就这样一个架势,就是团队还能建立起来。所以我当时就问自己这样一个问题,有句话叫"一将功成万骨枯",如果一将成名要"万骨枯"的话,后面的人不就不愿意再进去了吗?后来我把这句话改了一下,叫做"成就百将方建一军"。

所以我觉得一个团队的形成,leader(领导人)非常重要,你的view(观点)非常重要,知道往哪条路走会更有前途,这是第一;第二就是你有胸怀,你真的能包容这么多人;第三就是你有能力,你确实能弄到资源。这只是 leader 的三个要素,更重要的就是刚才讲的人文。人文情怀不只是一个文科教授需要的,我觉得一个研究者、一个学者也非常需要。

我们经常不小心地利用了某些人性上的弱点,然后去做管理,比如小恩小惠,把一群很优秀的博士人才变成了目光短浅的人;或者利用人性里的恐惧和害怕，用强制性的措施，把一群人变成谨小慎微的人。我更乐意做 **leader** 时，手掌向上而不是向下。如果你用小恩小惠或惩罚性措施的时候，你的手掌是向下，你控制了团队的成员。人人都向往自由，他只要感受到 control（控制感），他一定会逃出去。所以，我改变一个方向，我手掌向上的时候，我用我的资源、我的名声和我的肩膀托起来去帮助这些年轻人成长。当他能感受到你在帮助他成长的时候，他就不会离开你的团队。所以，我觉得这样的方式就相当于 inspire（激励）。当你去激励或激发每一个人内在的东西时，他就会变得有安全感，他就会去追求自我实现，就会不受控制地去创造、去爆发。这就是我的第一个逻辑。

第二就是，leader 跟团队成员要错位需求，你不能说他要文章，你也要文章，你应该有更高的追求。对于我跟我的团队来说，团队的成员可以要文章，对我来说，真正的原动力就是我还想在中国能够规范、规模化地推广再生医疗技术，就是细胞和组织工程技术向临床转化，这是我回来的原动力。我觉得我一直像阿甘一样跑到大学里面说要创造新的医疗技术，我觉得也是一种信念的支撑，我觉得做这件事情很有意思。所以我觉得建立团队，错位需求也是很重要的。

第三，我觉得是需要去营造一种文化和一种理念，我觉得形成一种共振，整个团队能够同频共振，这种力量会很大的。概括起来说，我对团队建设的理解或设想，就是一个很好的 leader，手掌向上，错位需求，文化共振。

梁君英：

虽然我在准备 PPT 的时候放了马斯洛需求理论，但是我并没有想到今天真的会讲到这个点上。在团队建设当中，当我们掌心向上托起学生的时候就给了他一份归属感；当我们整座学校掌心向上，当我们所有代表学校的老师都掌心向上，或许我们就会给学生或者年轻的教师更多的归属感。这对我们来说，都是一个 **inspiration**，是一个激发我们也是整个浙大继续往前走的源动力。叶老师在这里，我很想知道您对于欧阳老师说的团队建设有没有不同的理解？您曾经多年担任过学院的领导，您在教师发展尤其是团队建设方面一定有非常深的见地。

叶志镇：

我们浙大有很多很好的团队。浙江大学发展到今天，是有很多好的团队在支撑。实际上，我的团队在浙大就很大，6个教授4个助教加上一批学生。老师有从美国、英国、日本引进的，很多不是我的学生，应该讲来自五湖四海，大家一起发展。一个人的成长确实是一个不断发展过程，团队里更多应该是共享。团队可大可小，不是一个模式，学科不同形式不同，但总的来讲应该是双赢。实际上，年轻老师要成长，团队要成长，浙江大学也要发展。你在努力的过程中，自己成长了，团队也发展了，浙江大学也更上新台阶，进而对国家也有贡献。

最近学校提"六高强校"战略，培育时代高才，构建学科高峰，打造科研高地，汇聚名师高人，积累文化高度，探索改革高招，我觉得很好。第一要培养高才，学校的根本任务是立德树人，同时浙江大学要不断打造学科高峰和科研高地等。毛泽东主席说过的一句话，我经常想起，就是"中国应当对人类有较大的贡献"。怎么贡献？我们要培养更多的优秀人才，有更多的科研成果，为国家做贡献，为世界做贡献。

我们要站在一个更高层面上，国家层面上来看问题。我经常讲，我们浙江大学培养的学生，应该是有担当的。工科学生的人文素养很重要,人的思想境界一定要高。浙江大学培养的人才出去,讲大德讲大贡献,我们中国才有希望。因为浙江大学培养的是"具有国际视野的高素质创新人才和未来领导者",这对我们老师的要求就更高,在这个过程中,碰到困难都很正常。发展也是有阶段的,每个人不可能都是最顶尖的,但如果我们身边总有优秀、拔尖的人才,我们也在奋斗之中,那浙大就是充满希望的。学校在不断发展提高,中国正日益走向现代化强国,那么,我们人生就是很有意义的。最后我想说,我们能在浙江大学当老师是很光荣的事情,我们培养的学生越好,毕业了对社会越有贡献,老师就越有成就感,我们自己也就发展得更好。

梁君英:

谢谢叶老师,我在听叶老师讲话的时候,想到了三个 I 开头的单词。我们一路讨论下来,第一个 I 是刚才关于困惑的话题,应该是一个 Individual(个体的),一个独特的个体所面临的困惑,我们三位老师都经历过了不同的困惑。但是接下来,我们就是要建立团队,融入周围的环境,我们就有了第二个 I,就是 Integrated(整合的)或者我们所说的 interactive(互动的)。而第三个 I,可能就是刚才叶老师说的,不仅是走到了国家层面,更走到了一个 International(国际的、全球的)层面。从个体到交互到今天的全球视野,或者到明天的国际一流。我觉得这不仅对三位老师,对我们在座的所有年轻老师来说,可能都是我们个体发展的一个路径。

➢ 一句话总结

梁君英:

非常感谢三位老师,今天我们的访谈到这里,我想请三位老师用一句话或几个关键词来总结一下，比较简明扼要能让我们带回家的那种。

欧阳宏伟：

像阿甘一样奔跑，成为学生的需要，成为社会的需要。我觉得，被需要是幸福的。

潘一禾：

认识你自己比认识世界或者适应体制更重要，所以先幸福地去做你自己最愿意做的事情，再尝试着成功或者更杰出。

叶志镇：

每天笑着往前走，前面就更加光明了。这是我的观点和态度。

梁君英：

非常感谢三位老师！让我们在阳光中明媚，在风雨中奔跑。

➢ 记者手记　［王若青、苏文］

三位嘉宾的经历和思想感染了现场的年轻教师，互动环节，大家纷纷向他们取经。给本科生上课和给研究生上课有什么区别？怎样发现学生的需要？嘉宾们都毫无保留地向年轻教师分享了自己的经验。

叶志镇认为，教学不能一味灌输，而是要让学生主动学习。对本科生更多的要激发他们学习的热情，对研究生则更多的要激发他们的深度思考，学会研究的方法。潘一禾认为，给本科生、研究生上课，不仅方法上有区别，更多是深度上的差异。要通过与学生的互动，发现需求、测出深度。欧阳宏伟认为，对本科生要帮助他们建立一个完整的知识结构，在知识传授的同时训练思维。而对于研究生特别是博士生,是相对比较专项的思维训练,也就是科研训练,要求在现有知识的基础上,不断对知识的深度或高度有所拓展。

当有青年教师问道"为什么我国本土的科学家至今没有获得诺贝尔奖"时,潘一禾幽默地回答"我们文学奖已经有了",引得全场笑声一片。叶志镇认为,本土科学家获诺贝尔奖,一是充满希望,二是需要时间。我国科研的方法要改进,因为诺贝尔奖更重"发现"。欧阳宏伟则更认为"教授要有独立精神",能够在良好研究条件下自由探索,相信中国在未来的三五十年里,特别在生命科学领域应该很有希望。

现场听众提问

（摄影:张 鸢）

教师最大的成就是学生

——"师说"论坛女教授专场

人才培养是大学永远不变的中心工作,桃李满天下是老师们最大的追求。"随风潜入夜,润物细无声",在播种希望的三月,"师说"论坛推出女教授专场,与青年教师共同畅谈立德树人的价值理想,分享一流大学的教学理念与方法。

访谈嘉宾:

何莲珍[①],女,浙江大学外国语言文化与国际交流学院教授、博士生导师,国家级教学名师,宝钢优秀教师特等奖获得者,浙江省有突出贡献中青年专家,全国三八红旗手,浙江大学"三育人"标兵,浙江大学女教授联谊会会长。

王晓萍[②],女,浙江大学光电信息工程学系教授、博士生导师,浙江省高校优秀教师,浙江省三八红旗手,浙江大学"三育人"先进个人,浙江大学"心平教学突出贡献奖"提名奖获得者。

郑春燕[③],女,浙江大学光华法学院副教授、博士,第二届全国高校

---

① 何莲珍教授2018年入选浙江省特级专家,现任浙江大学副校长、国际联合学院(海宁国际校区)党委书记。

② 王晓萍教授现任浙江大学海洋学院副院长。

③ 郑春燕2015年获全国五一劳动奖章,2017年获宝钢优秀教师奖,现为浙江大学光华法学院教授、博士生导师、副院长。

青年教师教学竞赛人文社会科学组一等奖第一名,之江青年社科学者,浙江大学青年求是青年学者。

访谈主持:

梁君英[①],女,浙江大学外国语言文化与国际交流学院教授、博士生导师,浙江省高校第八届青年教师教学技能竞赛特等奖获得者。

时　间:

2015 年 3 月 30 日

地　点:

浙江大学紫金港校区纳米楼 395 报告厅

访谈实录

梁君英:

尊敬的各位老师,我亲爱的同事和同学们,大家下午好,谢谢大家对于"师说"论坛的支持,谢谢大家对于学校教学科研、学生和我们自己的关注与关爱。在我们正式进入这个话题之前,我想借一点时间来缅怀一下我们的竺校长。2015 年的 3 月 7 日,这是一个万物复苏、樱花烂漫的日子,这一天也是我们竺可桢校长诞辰 125 周年。竺校长留给浙大的最宝贵财富,就是"求是"精神和他的教育理念。我们的历任校长都实践着"求是"或者"求是创新"校训,把人才培养作为我们学校发展的首要任务。三天前,我们浙江大学迎来了"土生土长"的新一任校长吴朝晖,吴校长在就职演说中指出,教师与学生是学校的主体,学校的发展要依靠全体教职员工的共同努力。今天我们"师说"论坛的

---

① 梁君英教授 2019 年获宝钢优秀教师奖,现为浙江大学女教授联谊会副会长,兼任教育部高等学校大学外语教学指导委员会秘书长。

主题是"教师最大的成就是学生",某种程度上也是对校长讲话的回应。

今天参加访谈的三位老师都有着卓越的贡献,尤其是都在教学上做出了显著的成绩,我们的访谈就从"教师最大的成就是学生"这个关键词开始。我稍稍透露一下,虽然何老师、王老师看上去非常年轻,但她们两位都是浙大的资深老师,何老师在浙大应该是第 28 个年头,王老师应该是第 27 个年头。所以,我特别想问一下两位,你们觉得作为一个教师最大的成就有哪些?

从左自右:梁君英教授、何莲珍教授、王晓萍教授、郑春燕副教授

> ## 学生的成就是老师最大的荣誉

何莲珍:

说到这个话题,我马上想到昨天在"浙大竺人"微信上看到一个报道,叫《竺院闯将刘若鹏我要做改变国家的创新》。我看到这个名字非

常兴奋,因为这个学生我曾经教过,脑子里就闪现出了当年他在我课堂上的情景。这位学生确实是一位非常努力的同学,英语基础不怎么好,但是每到课间、每到周末,经常会收到他的短信和邮件,经常来问一些英语方面的问题。后来的事实证明,他的努力得到了回报,现在他已经在光启领域做出了杰出的成绩,他们五位同学在深圳开启了一个光启时代。学生取得的成就,对于一个老师来说,就是最大的荣誉。我是在 1985 年走上教师岗位的,所以今年即将迎来我从教30 年的光辉时刻,为此也非常非常的激动!

我 1987 年到浙大,在浙大的 28 年里一直以我的学生为荣。这么多年来,几乎每年每个月都能够收到来自我学生的消息,他们得到了荣誉、取得了成绩、获得了成功,都不会忘了给我发一份邮件。在教师节我会收到很多很多的贺卡,也有外地学生托朋友、同学给我送来的鲜花。每当收到这些鲜花、贺卡,我就觉得我这一生值了,谢谢!

梁君英:

我想何老师取得的成就很多大家都听到过,但她首先想到的就是学生。好,王老师您呢?

王晓萍:

作为一个老师来讲,我觉得能够取得的成就还是比较多的,比如说上好一门课,编写出版一本好的教材,以及取得科研或教学方面的成果、荣誉等。但这些我感觉都是一件件具体的事。如果自己的一门课程能够对学生产生很大的影响,能够给他们成长提供很好的营养,真正让他们"亲其师,信其道"的话,那我觉得这样的荣誉是非常高的,成就感是非常大的。学生的进步,他们的成才成功,对老师来说是无法言表的欣慰与幸福。所以,我更看重的是培养学生,学生的成就是我们老师的价值体现。

梁君英：

我旁边坐的这位是郑老师，她可能比我们在座的很多青年教师还要年轻。郑老师在浙大是第几个年头？作为教师，您觉得最大的成就有哪些？

郑春燕：

我 1997 年进浙大读书，从本科开始一直到 2006 年博士毕业。2010 年底到浙大当老师，已经有 5 个年头了。这次去参加全国高校青年教师教学竞赛，对这个问题刚好有了一些思考的机缘。实际上，我们学法律的从业面是比较广的，我一直问自己，为什么我要选择做教师？

我想到的答案是，只有教师这个职业随着你的资历慢慢累积，你的学生会越来越多，当你培养出一波又一波的学生时，幸福感是递增的。好像没有其他职业可以和教师这个职业在幸福感上相提并论。我想，这就是为什么我要选择做一个教师，以及为什么我们说"教师最大的成就是学生"的原因。

梁君英：

郑老师直接回答了我们的第二个问题，就是说为什么教师最大的成就是学生，因为它是一种累积效应。何老师您有这么多的成就和荣誉，为什么第一想到的还是学生，您觉得"教师最大的成就是学生"背后的原因是什么？

何莲珍：

我觉得我跟学生一起共同成长，这是我最大的感受。

王晓萍：

我和何老师的感受差不多,因为每天跟青年学生在一起,跟他们一起学习、一起科研,就觉得自己怎么都不会落后于时代。

梁君英:

好,每天不断地成长、不断地进步,而且我们会有累积的幸福感。如果说刚才我们回答了 What,我们最大的成就是什么? 我们接下来特别关注的一个问题是 How,就是我们怎么样才能获得最大的成就,这是我们特别想从三位老师身上得到的一种启示。

➤ 将学生作为艺术品来欣赏与雕琢

梁君英:

我想问一下何老师,因为您身上有很多的光芒,国家级教学名师、全国三八红旗手、求是特聘教授,还有各种各样的荣誉,尤其是在教师岗位上作出了卓越的贡献。您有什么样的教学理念才会让您收获这么大的成就,会让学生如此这般地感念您?

何莲珍:

在我看来,教师其实就是一个艺术家,学生就是他(她)最好的艺术品,所以此生打造的就是一件件能够让人欣赏的艺术品。在这个过程中,教师需要投入很多、付出很多,一方面是需要自身艺术鉴赏力的提升,艺术能力的提升,同时还要学会欣赏。所以我觉得这些年来最重要的就是始终把学生当作艺术品,因为学生各有不同,我们在英语里始终说 to treat every student as every individual,不要把他们作为一个 group(整体)来看待,而是要把他们作为单独的个体来对待。当我们把他们作为独立的个体来对待的时候,我们需要对学生的个性、兴趣爱好、学习习惯以及学业方面的优势和弱势等做细致的分析。这个过程当然需要付出,但是当他们最终取得成绩的时候,我们会感到这种成就感是无以伦比的,我们会感到非常欣慰,这就是我的感受。

梁君英:

把每个学生当成一个独立的个体,然后用心去雕琢。这里有一个小小的细节可以分享,何老师有一个特别厉害的能力,她能够叫出每一个学生的名字。充分说明了学生对于何老师来说,是一个独立个体的存在。我们在座的有很多工科的老师和年轻的博士生群体,那么,王老师您作为工科的教授,我们想听听您的教学理念是怎么样的?

王晓萍:

我是专业老师,我总是希望选择我们专业的学生进来以后,能够打下扎实的理论基础功底,然后要有比较强的实践能力,让学生将来有一个很好的深造、发展的空间。这是我们专业最要做的事情,也是我们每个老师必须要用心做的事情。

梁君英:

好,就是说要有一个扎实的基础,而且是能够把科学技术转化为生产力的一个直接的一个过程,对不对?

王晓萍:

对,有扎实的基础,让他们将来有一个深造发展的空间。

梁君英:

这样能充分挖掘他们的潜能。郑老师您呢?

➤ 教学理念的探索也是一种自我追问

郑春燕:

说来有些惭愧,跟何老师、王老师相比,我毕竟教龄还有些短。如果不是这次去参加全国高校青年教师教学比赛，我真的还没有机会去系统思考我的教学理念是什么。我是浙大土生土长的，我自己的个人成长经历，给了我一些在从教时的"切入点"。因为我本硕博都在浙大，后来浙大说不留本校生的时候，我被逼去读一个博士后，去了北大。在北大那段时间我特别困惑，因为我发现，北大公法学科点的风格与我们浙大公法学科点的风格很不一样。所以我就问我自己，你将来要走什么样的学术道路，追求什么样的学术风格？我在追问结果的时候，发现其实这就是对自我的一个探索，就是你适合走什么样的学术道路。

所以，当我回来从教的时候，我就有了一个意识：要告诉学生，每个学校学科点的风格可能都不一样，当你要选择是否追随这种风格的时候，可能要问问自己是否适合这类风格。我对浙大的定位是比较高的，我一直认为浙大就是国内前三的学校。我上课的时候会告诉学生，浙大法学培养的不是法律工匠，浙大的法律人应该有心系天下的情怀，我的课会有这方面的引导。在这次教学比赛中，经过很多名师的指导，我才意识到这其实就是教学理念，它是支撑你教学背后的东西。在这之前我还没有一个很清晰的轮廓，我只是觉得自己是这么成长起来的，如果想要把学生培养好，是不是也应该激发他们的一种自我追问。这可能就是我对教学理念的一些比较粗浅的看法。

梁君英：

郑老师的感想或许会跟我们在座有些老师的想法比较类似，青年教师可能到现在都还没有形成像何老师和王老师那种比较稳定的教学理念。我们在探索教学理念的时候，其实也是在发现自己，整合自己和他人的经验，逐步清晰自己希望培养怎样的学生。当然，教学理念还是比较抽象的,它相对来说是比较概念型的,我们特别想知道的是,你们成为名师,在教学领域和科研领域都做得很出色,肯定有一些操作层面的东西,很想听一下。

➤ 团队合作打造以学生为中心的主题教学模式

何莲珍:

我特别欣赏团队合作,实际上这些年来我们外语学院的大学英语教学团队一直在努力探索。如果要追根溯源的话,在上世纪 90 年代,还在大家批评中国学生的英语都是"哑巴英语""聋子英语"声中,我们就进行了大胆的试点。从 1996 年开始组建了教学研究团队,推出了全国第一套以学生为中心的大学英语教材,在全国开启了大学英语教学改革的大幕!

所以一直到现在,人们一说到大学英语,必定会想到浙江大学的这支团队,因为我们开启了全国大学英语教学改革的大幕。我们团队的一个教学理念,就是打造以学生为中心的主题教学模式。首先,我们把学生放在第一位,我们认为学生应该是课堂的主角,尤其是学英语,我们不能把学生只是当成一个知识的被动接收者,而是要让他们成为课堂积极的参与者,因为语言学习的过程就应该是一个参与的过程。同时,为了能够让学生更好地学习语言,我们结合国际上最先进的语言教学、语言学习的理念,考虑中国的实际情况,把我们的主题模式一起切入进去,所以就提出了这样一个教学理念。因为这个教学理念,我们付出了很多,从 1996 年一直走到今天已经快要 20 年了。为了让"以学生为中心"的理念能够在我们的教学中付诸实施,我们从 1996 年开始编我们自己的教材,从此欲罢不能。

    从 1996 年开始一直到现在,我们大学英语的教材已经出到了第三版。昨天我在武汉参加全国大学英语教学改革会议,是全国大学外语教学指导委员会和高等教育出版社联手打造的一个千人会议。会上又有人来问我,你们什么时候出第四版,这说明大家还是很期盼教学改革的。随着生源的变化,我们的教学理念没有变,但是我们所用的材料以及我们所设计的活动都应该跟着时代的变化而变化,这样才能够更好地适应我们学生的需求。我们前面的三版教材是国家"十五""十一五""十二五"的规划教材,同时被列为教育部大学外语的推荐教材。我们还根据学生的需求设计了网上课程,去年又成为国家精品资源共享课程。这些成绩的背后,我们付出的努力是没有办法用语言或者文字来表达的,但是最重要的一点,就是我们希望学生成为最大的受益者! 所以,从整个教改项目 20 年走下来的历程,我认为团队合作是我们最大的财富!

现场图片 1

梁君英：

大家可能会有点小意外,我们很多时候对人文学科的印象是比较多的独立耕耘,但何老师强调的是,我们能走到今天获得这么多的荣誉,要感恩于有一个全力以赴的团队,这是第一。第二,说到团队,我想起很多年前黄祖辉教授来外语学院辅导国家社科基金的申报,他当时就提到了团队的重要性。他说在这个世界上有两种团队,一种是"水涨船高",一种是"水落石出",我们外语学院的团队一定是"水涨船高"的团队。正是因为我们全体大学英语教学老师的共同努力,才有了这么大的成就和影响力,今天不仅在中国内地,就是在港澳地区,只要讲到大学英语,那一定是我们这个团队。所以我觉得何老师应该值得再一次热烈的掌声,她把更多的荣誉给予了我们这个团队。

何莲珍：

我要补充一句,实际上我所获得的很多荣誉应该归功于这个团队。尽管我们这个团队获得了全国三八红旗集体、国家级教学团队等荣誉,但我个人是更多的得益者,因为我是这个团队的负责人,所以现在堆到我头上这些荣誉其实都是团队干出来的。

➢ 自我加压激发学生的学习热情和创造力

梁君英：

王老师,您在教学过程中是怎么做到您刚才所说的充分挖掘和发挥学生的潜能,让他们到了社会上可以成为把高校的科学技术转化为生产力的一个推进者。

王晓萍：

我们的学生非常优秀,我主要强调要激发学生的学习热情,把他们的创造力给挖掘出来。在教学过程中,大学老师在传授知识的同时,可能更重要的是要激发学生的学习热情,激发他们的创造力,调动他们的积极性。

希腊哲人讲过一句话,"人的大脑不是一个需要被填充的容器,而是需要被点燃的一个火把"。我们老师如果把火把点燃了,就会产生非常巨大的能量。我是上"微机原理与接口技术"这门课的,这是工科学生的一门专业基础课程。一开始刚留校当老师的时候,因为我做的科研就是这方面的,所以比较投入地去备课,也能够在上课的时候吸引学生来非常投入地听课,学生评价是一门好的课程。

但是我现在想起来,这仅仅还是停留在知识传授这个层面上,还没有达到大学怎么将能力培养体现在课堂教学中的层次。所以,怎么样让学生参与到教学过程中,怎么在教学中激发学生主动学习、研究性学习、拓展性学习,是我们应该更多考虑的问题。随着教龄的增长,我就越来越想,我们的学生这么优秀,怎么在专业学习过程当中把他们的能力挖掘出来,为他们将来打好基础,这非常重要。

从 2007 年起,我们这个课程的老师先给自己加压,希望打造一个国家级的精品课程。我们投入了很多的时间精力,重新整理教学内容、课程课件,将学生比较难理解很复杂的过程用 flash 一步一步地展示出来,做了内容丰富、互动性比较强的课程网站,学生可以在上面做题、考试等等。

第二年我们就对学生提出了更高的要求。对学生高标准严要求,我们老师首先要对自己高标准严要求,这就是通常说的"身教要重于言教"。2008 年我们推出了一个教学改革,希望一部分基础比较好、学有余力的同学在学习知识的同时,能够运用课程知识来做一个微机系统,以这样的一个作品来代替期末考试。因为"微机原理与接口技术"是一门专业基础课程,我们的面也不是太广,大概20%的学生能够"优生免考"。关于"优生免考"的要求、措施、程序等,我们老师充分讨论后发布在网站上。它实际上就是要学生去寻找一个课题,然后写出项目申请书,进行开题答辩;立项以后就要做具体的项目实施,包括方案设计、软硬件调试、实物制作等,最后完成这么一个系统。他们一边学习一边做这个系统,做完以后我们要组织答辩,一个个答辩,还要进行实物演示,最后给他们评定成绩。

我们从2008年开始做,一直到现在已经七届学生,应该说取得了非常好的效果,学生的优秀表现超出了老师们的预想与期待。有时学生提出来的一些题目,我们老师会觉得难度有点大,不仅仅涉及这门课程,还涉及很多没有学过的知识。但他们仍想试一试,结果基本上都能超过他们的预期目标。所以,我们给学生提供这样的平台,比仅仅给他们讲一些知识要重要得多、有效得多。

➢ 小处着眼循着名师的路径前进

梁君英:

谢谢王老师,王老师和何老师虽然属于不同学科,但在教学上我们看到了一个共同点,就是关注个体,激发学生的学习热情,充分发挥学生的自主性。外语教学这边叫"以学生为中心",您是说"充分发挥学生的潜能"。那么郑老师,您在实现自己的教学理念上是怎么操作的?

郑春燕:

我可能和两位资深的老师相比会有一个劣势,进教室的时候学生会有疑惑：这是给我们上课的老师吗？第一反应好像我不应该是来授课的。浙大的学生基础好，非常有个性，如果我不能快速地"镇"住他们，接下来的课程讲授可能就会比较困难。所以对我来说，这是我首先面临的一个挑战，然后才能实现我的教学理念。

我通常会运用我在科研和实务中的一些优势，让学生快速建立起印象：这老师是有资格来教我们的，配得上浙大教师的头衔。在我自己的课堂，我更多是要确保学生顺着我的教学思路，能够在学习行政法学这门课程以后，成为我所期望的行政法学的人才。

刚才听了两位老师的介绍，在关注学生个体这点上，我们有共同点，但我更多的是从小处着眼。现在都是大班上课，一个老师面对很多学生。我每次课前都会先过滤一遍学生的名单，然后用一点小技巧。比如说我在课堂里巡回式讲课的时候，走到某个同学旁边，我就说记得你上一次是这么回答问题的，今天有没有什么新想法？学生就很惊奇，老师怎么记住了我的名字。当学生感到自己被关注后，也就更愿意表现出对课堂的关注和参与度。所以，我很高兴我是循着名师的路径在走。

梁君英：

这个环节我们比较多地讨论了教学理念和教学方法。在教学理念上，何老师非常强调团队合作的重要性，强调以学生为中心；王老师强调要激发学生的热情，充分发掘挖掘他们的潜力；郑老师可能相对来说还处于摸索阶段，但也有自己的教学方法。在教学方法上，我觉得三位老师整合在一点上，就是充分关注学生个体的独立成长，让学生觉得受到尊重和关注。在充分了解授课对象的前提下，激发学生的学习热情与创造性，从而形成一个非常良好的互动。

➤ 教学与科研是相辅相成的

梁君英：

在完成学生和老师的互动之后，我想给大家看一个图片，可能会引起不少老师的共鸣。这是一个金字塔结构，下面可能会有很多人，相对来说比较初级的 level，可是越往上就会变得越来越小。虽然我们可以花很多的时间去做教学，可是这里有个独白说"没课题，没成果，压力山大"。对于青年教师来说，教学和科研是我们始终面临的两大任务。我们很想问三位老师：你们是怎么理解教学和科研在教学工作中的呈现方式，你们是如何兼顾在做好一个老师的同时，又能成为很好的研究者？或者说在做一个很好研究者的同时，依然可以做一个很好的老师。何老师，可以从您先开始吗？

何莲珍：

我觉得教学和科研并不矛盾，我想用我们自己的实例来讲。第一个例子就是我刚才说到我们这个团队开发了全国第一套有真正新教学理念的教材。在这之前许多人认为编教材是很容易的事情，尤其是编外语教材。就是找一些国外的材料，根据我们的词汇表把那些超纲的词去掉或者把它改简单，然后就让学生去读这些文章，再编一些练习。但实际上这样的教材是没有理念的，学习效果也不好。而我们编的这套教材是全国首个真正有理念的大学英语教材，所以 20 年来长盛不衰。首先，你要把理论先搞清楚。实际上我们在教学当中，我们作为教语言的教师，如果不懂得语言到底是什么，语言学习的规律到底是怎么样的，语言教学的理论又该是怎么样的，我们是没有办法把这个语言教好的。

在学习语言的过程中,我上课时经常跟学生说,请你们时时记住三个词,第一个就是叫 input(输入),第二个叫做 output(输出),就说我们学语言最终的目的是为了交流,而这个交流就是我们的一个 output(输出),而这个 output 不是凭空来的,是需要有我们有 comprehensible sufficient input(足够量可理解的输入),这是国际语言大师斯蒂芬·柯莱逊在 1975 年就提出来了的。而在 input 跟 output 之间还有很重要的一点是 intake(内化),也就是说你大量输入进去之后,一定要成为学生知识体系的一个部分,然后通过不断地练习才能够来提高输出的质量。平时我要求学生要看经典原著,要他们在课堂上做 presentation(口头汇报),课后要写这个 book review(书评);看了电影之后要写 movie review(影评),写电影的观感等等,这些实际上都是把 input 跟 output 结合起来,让他们最终能够提高产出的一个途径。所以从这个意义上来说,如果我们对语言本身的理解,对语言教学、语言学习的理论吃不透的话,我们是没有办法教好的,只能说是一个教书匠。

另外一个例子。因为现在全国高校总体上都在压缩大学英语的学分,而浙江大学在压缩学分的同时又不希望我们学生的水平降下来,这是一个矛盾。据我目前对全国高校大学英语教学情况的了解,我们浙大的老师每周 16 节课的工作量是非常重的,是全国高校之最。浙大现在大学英语课是"6＋1"个学分,北大是 8 个学分,清华也是 8 个学分,所以现在我们学校大学英语的学分也是全国最低的。一方面学分要降下来,另一方面我们学生的英语水平又不能降低,所以我们从 2013 级开始推出了浙江大学英语水平证书考试,以末端控制来促进我们学生的学习。因为课堂上的学分总是不够的,我们要努力促使学生在课外去学,要激发他们课外学习的积极性。这个水平考试推出来以后,现在已经成为浙大本科生毕业的一个必要条件,也就是说我们"6+1"的学分,这一个学分如果通不过的话,学生就不能够毕业。

对于这样一个高风险考试,我们是不是就纯粹建一个试题库,到了时间让学生考,通不过就不能毕业? 当然,这是万万不可以的。所以,在推出水平考试的同时,我又带领了一个团队对考试进行跟踪研究。这个团队有我们的老师,更多的是我自己带的研究生,因为我的研究方向就是做语言评估和语言评价的。因为我们只有充分证明这个考试本身是一把可以用来衡量学生语言水平尺度的时候,我们才能够说这个考试对每一个学生是公平的。如果尺度本身有问题的话,那么我们学生最终不能毕业不是因为他的水平,而是因为我的这把尺子出问题了。所以,我带领的团队从去年11月份首次水平考试后,就对第一次考试的所有数据做了一个等值处理,并且发现了等值处理当中的一些问题,由此我们写出了一篇文章,投给了第37届国际语言测试大会,受到了大会的邀请。上个星期我刚从加拿大回来,我们在会上做了大会报告。报告结束之后,国际语言测试界的泰斗级人物都予以了非常高的评价,说你们这是对学生负责任的一种做法,因为这对学生来说是一个非常高风险的考试。我们对一次考试做了这样一个分析,就已经得到了非常好的反响,而且被专家鼓励将这个成果尽快写成文章投国际最高级别的期刊。因此我认为,教学和科研是不矛盾的,很多的科研问题就是在教学过程中发现的,而我们的教学本身又是我们科研项目的一个实践基地。我到目前为止承担的国家社科基金项目也好,教育部的项目也好,很多课题用的样本、实验素材都是我们一线课堂的学生,而一线课堂学生最终得出来的结论是最能够说明

现场图片 2

问题的,这是我的一点看法。

梁君英:

谢谢何老师,何老师非常清楚地说明了教学与科研两者之间的互动。我们的教学需要理论来指导,同时我们的教学也给理论的进一步创新提供了更多的实验平台和发现的渠道。王老师,我们一般认为工科可能会站在技术创新的前沿,您怎么看教学与科研之间的互动?

王晓萍:

教学和科研应该是相互促进的,比方说我上的微机原理课程,它是一门实践性很强的课程,需要学生理论联系实际。所以教学就要引导学生怎么将学到的知识与应用结合起来,将学到的理论与实践结合,这个就需要我们老师去设计。我们通过教学设计,引导学生将课堂学习与课外学习结合起来,将老师传授与学生主动学习结合起来。

74

我会设计一些跟我科研相关的问题,或者把我科研项目的一些内容拆成小项目,让学生来做。这样的话,学生就觉得学的东西非常有用,可以在这个积累过程中提高自己的科研能力和实际水平等,为以后打好基础。这是一方面,就是说教学对科研会有一定的促进作用,我们科研的在研项目需要学生的参与。另一方面,学生做项目的时候我们也会引导,不仅仅是这一门知识课程就够了,涉及光机电算各方面,要求学生重视我们专业培养方案中的每一门课程,认真学好、学透,并且不能偏科,培养方案中设置的课程都是非常重要的,都应该投入精力去学。

我们现在非常重视学生课程学习中的课外学习,一定要推动学生课外花时间去学。有一个调研数据表明,对学生产生重要、深远影响的事件,80%以上是发生在课外的,所以怎么引导学生进行课外的训练,也是我们在课程教学中需要研究的一个内容。

梁君英:

好,谢谢王老师。我觉得从工科的角度来说,是否可以这样理解,教学和科研它应该是一个系统,形成一种回路,也就是说课程设置它其实也在这个系统里边,也就是说要得益于理论研究,同时又要回到理论研究当中去接受检验。

王晓萍:

对,这实际上是一种互动的过程,本科生同学在参加了我们课程设计以后,他就会主动要求加入到老师的研究团队当中去,希望像准研究生一样能够参与到一些项目的研究当中。所以我们现在有了由老师、研究生和本科生构成的科研family,这样就能够促进学生早一点投入到研究性的学习当中去。

梁君英：

谢谢！我觉得我听到的是"激励"，就是激励学生不仅在科研同时在教学当中不断地形成一个互动，那么郑老师呢？

郑春燕：

我刚才提到，我们浙大的学生非常有个性，起点很高，我需要快速地让学生对我建立信心，目前来看我的教学效果还是被学生认可的。之所以被学生认可，有一个非常重要的点，就是将学术探讨和研究成果引入课堂。比如法学有很多的概念，我在讲解概念的时候不是照本宣科，而是每一次都会给出一个自己理解的定义，然后请学生来进行分析，我为什么要给出和教材不一样的定义呢？在学生讲解过程中，我就告诉他说，你的某个观点学术界可能有学者支持，北大某位教授写过一篇文章就是支持你观点的。学生立马就会感觉到，他离学术大师并不遥远，大学的课程真的是和高中课程不一样的。我一直认为，浙大法学培养的学生应该是反思法治型的、领军型的未来卓越人才，而在这个探讨过程中，学生发现教材上说的不一定全是对的，我的观点可能是以什么样的学说为基础，可能又会受到其他学派的质疑，如果我想要在这个领域里确立比较权威的地位，还需去做课外哪些探索。

就整体来说，我觉得自己的科研积累一方面使我能够快速地"征服"我的学生，另一方面也能激发学生的学习热情。原来学术界讨论的那些话题，它并不是抽象的，都可以寄托在某一个具体的事例当中来分析，而且离我们的课堂很近，并不是本科生遥不可及的。所以我很感谢自己参加的那些学术活动，让我可以随时带回来最新的科研动态。比如说，上周我刚刚去参加最高人民法院5月1日和行政诉讼法同时要推的司法解释的有关会议，我回来后再跟学生讲行政诉讼法，学生就会觉得老师还是比较权威的,因为她听到了司法解释起草者讲述的那些背后的故事。比如这个条文为什么是这样设计的？对这个条文有什么不同意见？如果你们要深入探究的话,可以写成论文。我用这样的方式激发更多学生对学理更有兴趣,因为我觉得学理是法律工匠向法学大师跨越的一个非常重要的桥梁,如果没有这个桥梁,可能我们浙大培养的学生就停留在法律职业人的一般水准,而不是卓越的法律人才。

梁君英：

郑老师的话让我想起心理学里的"晕轮效应",也就是说当你感觉自己还不够强大的时候,我们不妨借助他人的力量,比如耳熟能详的理论,比如学术大师的观点,它会成为我们年轻老师头顶上的一个"光晕",让学生对你产生更大的信任感和亲近感,对课程的接受度也会更高,从而激发教学与科研的互动。

我自己也是一位一线教师,关于教学与科研的关系,无论校内还是社会上,各种议论比较多。比如说青年教师"非升即走"的政策,聘岗、升职中重科研的倾向等,好像使教学受到一定的冲击。如何看待这个问题,需要一个理性思考。这是我找到的一张图片,是 Research

and Teaching(研究与教学)之间的互动,这里有两个F,第一个F就是Findings(科研的成果),第二个就是Feedback(反馈)。

这张图特别吻合何老师强调的教学与科研是相辅相成的观点,也符合王老师所说的,教学与科研会形成一个系统。就是说,研究支撑教学,而教学促使我们从一线找到证据,或者会推进理论的进一步创新和发展。好,这个话题的讨论到这儿已经比较清晰了。

➢ 事业与家庭如何平衡

梁君英:

好的,接下来想跟大家讨论另外一个话题。先给大家讲一个小故事,3月28号《科学时报》发表了一篇文章,谈MIT就是麻省理工学院怎么遴选校长。文章提供了五条,其中第五条特别引起了我的关注,它说我们找校长的时候,同时重要的是我们要找校长夫人。这个理论很有意思,怎么会遴选校长还要关注校长夫人? 它的理论是这样的,说因为校长最重要的功能是不仅要管理好校内的各种事务,同时还得关注校外的各种关联,那么这个功能不是跟家庭一样吗? 也就是说,如果一个校长他不能处理好家庭事务,我们很难相信他会是一个非常合理(适)的校长人选。

我就突然想到了今天的话题,于是在Yahoo上进行了搜索,从roles of a woman(女性的角色)到roles of a man(男性的角色)。大家来看一下,这是一张非常有趣的图片。当你搜索关键词roles of a man(男性的角色)时,出现了这样的图片:

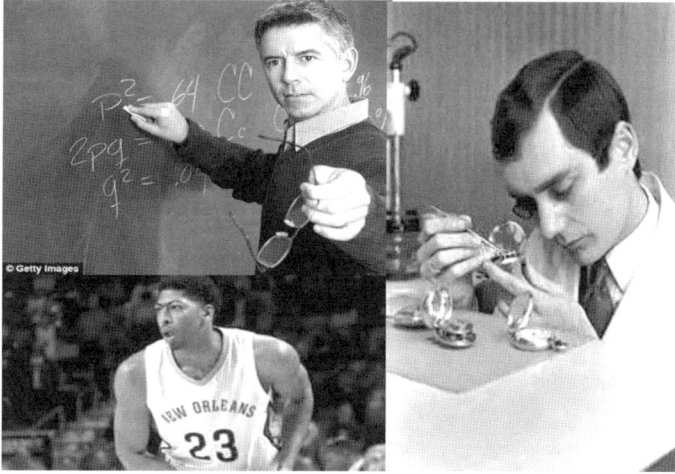

　　可是当我把 roles of a woman（女性的角色）输进去的时候，出现的就是这样的图片：

　　也就是说对一个女性来说，你不仅要看上去非常美丽，同时你是

一个杂耍家,长出很多双手,要平衡所有这些不同的工作。做妈妈,应该是一个非常包容又理解的妈妈,做老师也应该是一个非常全面的,比如说关注所有学生的各种性格爱好。

刚才我们的讨论都聚焦于工作,教学、科研、学生等,三位老师对于任何一个环节,都特别流畅地呈现了让我们心动的场景。现在我想问一下我们三位美丽智慧的老师有关生活的话题。何老师,您在马不停蹄的各种工作和行政事务情景之下,是怎么平衡好家庭和环境,同时在学生面前始终是积极的、阳光而温暖的何老师的?

何莲珍:

在学生面前,我觉得自己永远是一个充满活力的老师。无论多少累,但只要站在学生面前的那一刻,我就感觉马上变了一个人。只有当我下课回到办公室的时候,我会觉得好累好累,但在课堂上永远不会感到累。那么在家里,说实话我很温柔(笑),因为社会对于男性和女性的期待不一样。就像刚才主持人图片展示的那样,对 man 的印象他可以非常强壮,但是女性如果你显得非常 tough(强硬)、非常 strong(强壮)的话,人家就认为你是一个"铁娘子"。我不喜欢"铁娘子"的称呼,也不喜欢"女强人"的称呼,所以在家里我是尽显温柔(笑声)。

梁君英:

这个我可以作证(笑)。好,请问王老师。

王晓萍:

我觉得兴趣是最好的老师。我在工作上的兴趣远远大于做家务(笑声),所以在家里就有家务越做越少那种感觉。现在孩子大了,成了两个人的"空巢"家庭。我先生非常支持我,家里的事情做得很多,无论他做什么,我都说"好、好、好",所以就越加轻松了(笑声)。

梁君英:

好,两位老师尽管表述上不一样,但实际是一样的。就是说,找到一个理解自己的好伴侣很重要,彼此之间的支持更重要,对吗?无论是采取"温柔政策",还是"好好好"的首肯态度,效果都很显著,这也是处理家庭关系的一种智慧吧。郑老师?

郑春燕:

我可能会采取类似何老师的对策和态度,从现实考量来说,社会对女性有着特别的期待。除非我有要为社会进步作牺牲的那种勇气,否则的话,如果我想要获得我自己追求的幸福,我就应该学会在工作、生活上扮演不同的角色,在生活上努力成为一个"贤妻良母"。当然,如果有幸像王老师这样,可能是一个更好的选项。

梁君英:

可以肯定三位老师都有一位很好的人生伴侣,因为毕竟在教学科研或者是行政事务中,我们三位老师都投入了很多时间。

在这里我要报告大家一个科学发现,可能会对很多女老师有一个小小的激励。或许这是一个人类演化的结果,或许是女性自主选择的结果。2014年初,《美国科学院院刊》(PNAS)发表了一篇文章,大脑成像(DTI)的结果显示,人类的大脑结构与功能存在性别差异。大家可以看一下,也许我们不一定熟悉神经学的一些图像,但从图片上可以发现,男性单侧内部的connection(关联)更加强大,也就是说男性在完成特定一项任务时会更加专注,更加投入;而女性在两侧大脑之间的connection(关联)更强大,也就是说女性在生理上有个天然的优势,我们特别擅长多任务处理(笑声)。这可能就是人类生生不息演化的结果,一代又一代下来,我们习得了这样的结构。

所以,女老师如果觉得多任务特别困难的时候,我们就可以试着告诉自己:既然大脑结构都有优势,我们更擅长多任务,我们就不妨多做一点!感谢三位老师!三位老师今天展示了一个非常明媚的形象,无论在教学、科研还是生活上。

现场图片 3

> **一句话总结**

梁君英:

今天的访谈就要结束了,下面请三位老师以一个最简洁的方式对今天讨论的主题作一个总结。

何莲珍:

对我来说,学生的认可是我最大的欣慰。

王晓萍：

成就学生是我们老师的幸福。

郑春燕：

愿做垫脚石，只为仰望高山时的欣喜。

➤ **编辑手记**　[王勤]

三位嘉宾的分享让现场的青年教师感触颇深，互动环节，提问踊跃，青年教师分别就教材编写、政策激励、团队建设、职业发展、人文素养等话题与嘉宾们作了进一步的探讨。奋斗在教学、科研一线的老师尤其是基础课的老师，期待得到更多的支持和理解。

"浙大的学生，不应该仅仅是知识的接受者，而应该是未来创新的承担者；我们教师也不仅仅是一个知识的传播者，而应该是未来创新的引导者。"当问到"工科老师如何在教学过程中融入人文素养的培养"时，何莲珍老师认为，"文科与理工科在思维上各有所长，两者之间尽可能做到互补。人文学科的老师，要培养自己的理性思维，而理工科的老师也应该培养人文情怀。""理工科学生也要多读一些人文方面的经典著作，非常有益。"

当问到"如何进行团队建设"时，何莲珍老师团队的一位中青年教师分享了自己的感受。"跟着何老师回顾了我们团队艰苦奋斗的过程，有幸参加了《新编大学英语》第一版到第三版的所有团队活动。""团队里有经验的老师（核心人物），带领大家一起全力以赴去实现一个共同目标，这个过程对所有参与者来说都是非常有帮助的。""没有什么比教授们的以身作则，这样一种热忱的态度，更能激发整个团队的热情与创造性。"

　　郑春燕老师分享了代表浙江省高校和浙大参加全国高校青年教师教学竞赛的心得与细节，"虽然准备20个PPT非常辛苦，但整个团队的力量支撑了我。真的很感谢浙大培养了我，我应该为浙大做这些。"

　　纵然千辛万苦，我们依然愿意付出。而这一切，源自于热爱。

（摄影：张　莺）

收获快乐与尊严

——陈叔平教授做客"师说"论坛

　　教师节前夕，习近平总书记向浙大教师致以节日祝贺和殷切期望，让浙大人深受鼓舞，也倍感责任。如何造就一支信念坚定、师德高尚、业务精良的师资队伍，培养更多的优秀人才，担当起建设世界一流大学的使命，是每位浙大教师需要思考和实践的课题。本期"师说"论坛邀请有着十年大学校长经历，如今仍奋斗在教学、科研、育人一线的陈叔平教授分享他的教学理念、教育思想和他对教师职业的认识。

主讲嘉宾：

　　陈叔平，男，浙江大学数学科学学院教授、博士生导师，曾获霍英东优秀青年教师奖、宝钢教育奖、上海市科技进步一等奖等，曾任浙江大学数学系主任、理学院常务副院长、竺可桢学院首届教学委员会主任委员等职，2002 年 2 月至 2012 年 5 月任贵州大学校长，现为浙江大学学术委员会委员。

时　间：

2015 年 9 月 18 日

地　点：

浙江大学紫金港校区校友楼二楼平台教师俱乐部

➤ **现场报道** ［张鸯］

在这个充满竞争和压力的时代,如何当一名信念坚定、师德高尚、业务精良的大学好老师? 9 月 18 日下午,有着十年大学校长经历,如今仍奋斗在教学、科研、育人一线的陈叔平教授做客"师说"论坛,与新教师面对面对话,分享他的从教生涯、教育思想和人生感悟。

陈叔平教授

言之有物:正人先正己

何为好老师? 陈叔平给出了自己的标准:学生有出息,学生喜欢你。学生的认可是最有价值的奖励,是最高的尊严。

如何成为好老师? 他说上课最大的原则是要言之有物、言之有理,做到这点的前期是要"三了解"——了解学生、了解学科、了解教材。"老师最大的乐趣也是最大的挑战就是常教常新,做到不应景、不说教、少空话,有心得、可争论、可检验,要让自己讲出来的东西经得起时间的检验,不信口开河。"

"发自内心的东西是可以感动人的,任何违心的都是不可以持久的。"陈叔平说,大道至简、大德无言,真正深刻的道理都是非常简单的事情,当你不能把事情讲得比较简单的时候,说明你还没有接近事物的本质。老师上课不要把一些自己都不明白的名词概念堆在一起,显得自己很高深。"别把简单的东西讲复杂,别把活的东西讲死,别把学生教'庸'、教'俗'、教'笨'。"

现场图片 1

感染与熏陶:让学生静下来

在网课、慕课盛行的年代,为什么还需要大学老师传统授课?陈叔平认为,与学生面对面交流最大的好处就是能感染和熏陶,"教师要用自己的激情带动学生,也要能让学生静下来思考方向"。

"静下来找到方向往往能事半功倍。有很多事情一旦方向错了,那么再努力都没有用。如果方向是对的,没有成功可能是因为没找到合适的方法,可以换一种思路再坚持下去。"陈叔平介绍说,他的数学课往往在第一堂课时会问学生三个小问题:读大学比读中学难吗?难在哪里?选数学课没有错,是不是不管你是什么专业都要学?我们怎么思考未来?让学生先思考、不盲目,找到方向。

现场图片 2

创新与担当:当一个行动派

都说人在江湖,身不由己,新教师往往面临教学、科研、家庭等多重压力和考验,有老师提出有时会感到力不从心、无从应对。陈叔平结合自己丰富的工作经验,给大家分享了他的思考:"改变不了大环境时要努力改变自己的小环境,少些对自己没有益处的抱怨。"他打趣道:"我们每个人其实都能很自觉地改变小环境,比如冬天天气冷,我们马上穿上厚衣服,夏天天热时,我们都往空调房里跑了。"

作为浙大的新教师,他鼓励大家要有创新与担当,许多事"非不能也,乃不为也",关键在于行动,"我们往往做的时候不会,会的时候不做;要的时候没有,有的时候不要"。"浙大人要发扬求是创新精神,不记不愉快的东西,不想没有答案的问题,不做自欺欺人的事情,把有限的时间投入到有意义的事情,当一个行动派。"

演讲最后,他向在座的青年教师抛出了问题:在今天这个时代,你欣赏什么"主义"?"我希望大家多点'理想主义、英雄主义、浪漫主义'。"

现场图片 3

(摄影:张 莺)

青年教师:成长的烦恼和快乐

——杨德仁教授谈职业与发展

　　青年教师是学校的未来,是建设"双一流"的生力军。在追求学校发展目标和自身学术成就的奋斗过程中,青年教师有憧憬、有压力,有困惑、有烦恼。如何兼顾教学、科研和服务,收获学生培养和自身进步的"双成长",平衡事业、家庭和身心健康,成为"快乐、自由、幸福的浙大人",需要我们思考和探讨。

主讲嘉宾:

　　杨德仁①,男,浙江大学材料科学与工程学院教授,硅材料国家重点实验室主任、所长;教育部"长江学者奖励计划"特聘教授,国家杰出青年基金获得者,973项目首席科学家,两次获国家自然科学二等奖;获全国五一劳动奖章、中国青年科技奖,全国优秀科技工作者,浙江省特级专家和浙江省"十大时代先锋"、浙江省教育系统"三育人"先进个人等荣誉。

时　间:

2016 年 9 月 21 日

地　点:

---

　　① 杨德仁教授 2017 年当选中国科学院院士,2020 年获"全国先进工作者"荣誉称号,现为浙江大学工学部主任、硅材料国家重点实验室学术委员会主任,浙大宁波理工学院校长。

浙江大学紫金港校区校友楼紫金港厅

➤ **现场报道** ［徐宝敏］

9月21日下午,教师发展委员会第四期"师说"论坛特邀教育部长江学者特聘教授、国家杰出青年基金获得者、全国五一劳动奖章获得者、浙江大学"三育人"标兵杨德仁老师与青年教师分享教师成长的经验和感悟。

杨德仁教授

为使更多青年教师受益,现将杨德仁老师演讲内容及现场交流情况整理如下,以飨读者。

假如你对生活的物质享受没有过高的要求,无论遇到什么困难,

你一定会享受到当大学教师的快乐,直到"你老得哪儿都去不了"!

人从小到大,一路走来会有许多梦想。现在参加工作,就到了郑重确立自己的职业,将梦想落地的时候。我们现在坐在浙江大学始业教育的课堂上,就是说要把大学教师作为自己的终身职业,很有可能一辈子呆在这里,教书、做研究。

我感觉,虽然有很大的压力,大学教师依然是一个很好的职业。我自己很喜欢,也很 enjoy 这样的生活。主要是四个理由:有"名"、有"利"、自由和无限追求。所谓"名",其实是指尊重。国家和社会对大学教师给予充分的尊重,作为一名浙大教师,会得到你的父母、你的亲朋好友、你的同学、你儿时伙伴的认可和尊重。所谓"利",主要指有稳定的收入。大学老师的收入一般可以稳居社会中上层。当然,这不足和做生意的朋友相比。所谓"自由",主要是指可以比较自主地安排自己的时间。所谓"无限空间",是指科学与技术无止境,不断地发现、不断地发展,只要你愿意,你就会一直有进步的空间。

人生方向确定之后,我建议大家对自己的职业有一个展望和规划。自己建立对于职称晋升的计划、出国进修交流的安排等。如何争取优青、青年长江、杰青、长江学者等头衔,他们的条件怎样,自己如何一步步靠近。如果无法实现上述目标,自己的人生如何度过,是否安然若素,接受现实,还是自暴自弃?我认为,"有梦想、有努力,不一定会得到,但有可能得到;没有梦想、没有努力,肯定不会得到"。

——提问:新教师如何尽快适应新角色、新环境?怎样成为一位深受学生爱戴的好老师?

——回答:首先是改变角色,从学生身份换到老师身份。其次是改变态度,从被动到主动。参加工作成为教师后,就要学会自己关心自己，自己对自己负责任。对待学生要有真心，赢取他们的信任；要有爱心，将他们当做"家人"对待。对于教师来说，教学是第一位的。在教学和科研冲突时，教学优先于科研。教学和培养学生是教师职业的重要价值体现。

现场图片1

科学技术的海洋浩瀚无边。如果穷一生之力，做好一件事、解决一个大问题，就是非常了不起的了。这就需要"长久坚持"。

在浙江大学，科研工作是教师的重要任务之一，也是青年教师成长的重要标杆。其中，研究方向是重中之重，关系到今后数十年职业生涯的发展。

对大家而言，现在是一个新的开始，也是确定今后研究方向的重要时刻。通常，大家对研究方向有几个选择：一是团队现有的方向，二是延续自己博士、博士后的研究方向。我当年就是这样情况。三是目前热门的方向。这些方向都可以,也都不错,但不一定是最合适你的。

方向选择大致有几个原则:一是方向要"顶天立地",也就说瞄准国家重大需求、国际学术前沿,最好是国家重大需求的国际前沿。二是确定关键问题,就是重大科学问题或者重大技术疑难,要有一定的高度。三是有一定的延伸空间,具有长期可发展性。四是要有一定的研究基础和研究设备。

确定研究方向后,最重要的是坚持。但是坚持的难度很大,因为青年教师遇到问题很多。大家都知道,热点问题容易发高影响因子的论文、引用又多,容易升职称。选择热点对大家职业发展的眼前利益很明显,要舍弃,是很困难的。但是,这样一来,大家就会追逐热点,东一榔头西一槌子,虽然有不少成果,但 20 年之后,你会发现起眼的不多、亮点不多,捡到一堆芝麻,没能抱到一个西瓜,不能成为本领域的"大家"。

——提问:青年教师如何在新的领域有步骤地启动科研工作?如何申报国家项目,比如自然科学基金?

——回答:首先是选对方向,这是最重要的。有提问老师的领域属于信息化和制冷的交叉领域,这会有劣势,但也有优势。我所在的半导体也在材料和器件之间,但我坚持了下来。

在起步阶段,自然科学基金申请很重要。如何申报,我觉得首先要阐明选题的重要性,让评委感觉到你的选题对于科学前沿和国家需求的重要对接。二是创新性,不仅是国内首创,在国际上也是前所未有。三是可行性,把你已经开展的工作告诉大家,提供可预见的结果。四是把你为完成课题争取到的基础条件汇报给评委,使你的材料更具说服力。

现场图片 2

所谓"风物宜长放眼量"。青年教师应着眼大局、着眼未来,学会和你的团队、同行分享共赢。只有团队赢了,你才能真正地成功。

不同国家的大学有不同的教师组织方式。在中国,大学里更多是采用团队形式。这是因为,一是任务要求,中国企业的研发创新能力还比较弱,许多重大工程的原创技术需要在高校完成。二是现实工作的需要,"团结起来力量大"。因此,我建议大家尽快进入一个团队,借助团队的平台、团队的声誉、团队的人脉、团队的设备。这会帮助青年老师快速成长,也会减少大家成长中的许多烦恼,形成"事半功倍"的效果。反之,如果你单打独干,就需要付出双倍的力量才能取得一倍的成绩,即所谓的"事倍功半"。

　　除了团队内合作，与国内外同行的合作也非常重要，参加专业会议是最好的方法。只有将多学科、多单位的优势结合起来，才可以在交叉学科上取得好的突破。同时，和同行的合作，也有利于学术影响力的提高，比如在项目评审、论文评阅中，都会有学术界的"潜规则"存在。这个"潜规则"不是灰色的，是指学术声誉、学术影响力，它对项目的评审、论文的评阅起到积极正向的作用。

　　当然，加入团队也要有所付出。青年老师从团队获取了支持，在自己取得成果时也要和团队其他成员分享，比如通讯作者的署名、成果的排名、奖金的分配等等。在团队的"二次分配"过程中，会有利益矛盾，容易站在自己的立场上思考问题，感觉到自己受了委屈，而忘记团队给予自己的滋养和支持。我想，作为青年教师要目光长远，不计一时之利。

　　——提问：青年教师如何做出自己的团队？海归教师怎样快速融入国内的学术生态？怎样开展交叉研究？

　　——回答：青年老师要做出自己的团队，要有吸引人的研究方向，出色的业绩和不断上升的学术声望，当然很重要的是要有充沛的科研经费。同时很重要的是处理和原有团队的关系，还有一种方式是把所在团队做得更强、更大，把蛋糕做大，而不是自己去做一块饼干。多参加学术会议和加入团队是快速融入学术生态的主要方式，没有其他捷径。在开展跨学科协作时，青年人要懂得先退让建立良好关系，再合作取得双方共赢。

现场听众提问

（摄影：林文飞）

立德树人：教师的神圣职责

——聚焦"双一流"建设背景下的育人工作

"高校立身之本在于立德树人，只有培养出一流人才的高校，才能够成为世界一流大学。"在 2016 年 12 月全国高校思想政治工作会议上，习近平总书记对高校育人工作提出新的更高要求。"双一流"建设背景下的育人工作，是本期"师说"论坛的主题。

访谈嘉宾：

苏德矿，男，浙江大学数学科学学院教授，全国优秀共产党员、"最美教师"，浙江省"三育人"先进个人，浙江大学"三育人"标兵，浙江大学心平奖教金杰出教学贡献奖获得者，国家（网络）精品课程《微积分》负责人，浙大学生"最喜爱的老师"，因在微博释疑解惑和直播微积分课程而成为"网红"老师。

赵　阳[①]，男，浙江大学建筑工程学院教授、博士生导师，教育部新世纪优秀人才计划入选者，浙江省"三育人"先进个人，浙江大学"三育人"标兵，参与国家游泳中心"水立方"等多个国家重点工程的分析、设计或试验研究工作，研究成果获"国家科技进步一等奖"。同时担任浙大求是学院蓝田学园党总支书记、主任，从事直接面向学生的工作。

[①]　赵阳教授现任浙大城市学院副校长。

张　彦①，女，浙江大学马克思主义学院教授、博士生导师，教育部"思想政治教育中青年杰出人才支持计划"入选者，浙江省优秀共产党员，浙江省青年马克思主义理论研究会会长，国内马克思主义理论研究领域后起之秀。

访谈主持：

梁君英②，女，浙江大学外国语言文化与国际交流学院教授、博士生导师，浙江省高校第八届青年教师教学技能竞赛特等奖获得者。

时　间：

2017 年 4 月 13 日

地　点：

浙江大学紫金港校区校友楼紫金港厅

访谈实录

梁君英：

各位老师，各位亲爱的同事和同学们，大家下午好。今天非常高兴也特别荣幸又一次担任"师说"论坛主持人。我是一个喜欢坐在路边鼓掌的人，每次主持都是一次难得的学习机会，感谢工会给我这样的机会。同时，也特别感谢来到现场的各位老师和同学，谢谢你们对于浙江大学教学、科研及其学生成长的关注和关爱，谢谢大家。

今天的主题词是"立德树人"。早在 2500 年前，《礼记·大学》中就有"大学之道，在明明德，在亲民，在止于至善"，意思是说，大学的宗

---

① 张彦教授 2018 年入选国家"万人计划"青年拔尖人才，现任浙江大学社会科学研究院副院长、青年教授联谊会副会长。

② 梁君英教授 2019 年获宝钢优秀教师奖，现为浙江大学女教授联谊会副会长，兼任教育部高等学校大学外语教学指导委员会秘书长。

旨就是要弘扬光明正大的品德,使人弃旧图新,跟上最新的发展,同时努力使人达到至善至美的境界。就在几个月前,习近平总书记在全国高校思想政治工作会议上强调,高校思想政治工作关系高校培养什么样的人、如何培养人以及为谁培养人这个根本问题,要坚持把立德树人作为中心环节,把思想政治工作贯穿于教育教学全过程。

事实上,立德树人一直都是浙江大学的优秀传统,也是我们学校工作的重中之重。早在 1938 年,我们的竺可桢老校长在开学典礼中就强调指出:"大学教育的目标,决不仅是造就多少专家如工程师医生之类,而尤在乎养成公忠坚毅,能担当大任,主持风尚,转移国运的领导人才。"在这句话的背后,其实传递了我们浙江大学的精神内核,那就是"报国、强校、通才、爱民"这八个字。可以说,立德树人一直是浙江大学的根本任务。

就在 15 天前,吴朝晖校长在 2017 届研究生毕业典礼上,援引了孟子的一句话"先立乎其大者,则其小者不能夺也",这里的"大"应当体现为视野之大、胸怀之大、格局之大,也就是要求我们所有的毕业生和所有在校生应该把个人的价值体现与国家民族的伟大复兴紧密结合起来,要把我们的个人价值体现与人类的共同命运紧密结合起来。这就是我们今天有必要来讨论"立德树人"这个话题的意义所在。

好,现在我们有请今天的三位嘉宾来分享他们的教育理念,以及他们在日常生活、工作和教学研究中的经验与体会。让我们以热烈的掌声欢迎苏德矿老师、赵阳老师和张彦老师!

从左至右:梁君英教授、苏德矿教授、赵阳教授、张彦教授

➤ 何为"德"？怎么理解立德树人？

梁君英:

虽然我在很多场合都主持过中英文的访谈,但是今天还是有点紧张,因为这个话题有点不一样。为了让今天的访谈比较流畅,我花了一些时间准备。大家先来看一下这个"德"字,《说文解字》对它的构造进行了一定的解答,说"德"字是"从十从目从一从心",也就说是目和心非常重要,要分辨对与错,要用心去实践,为什么说实践？这个偏旁"彳"读 chì,彳就是实践,且不断地往上升。

我做了个小小的调研,在浙大教职工中抽取了 10 位老师,包括在科研一线的老师和从事党团工作的老师,请他们谈谈对"立德树人"的理解。大家先看一下我的调研结果。这是党委书记、团委书记群体给出的答案:立德树人应该包含理想信念,要树立社会主义核心价值观,培育社会公德、职业道德和家庭美德。接下来看一下在科研前线老师给出的答案,他们说立德树人首先就是要传递给学生持之以恒做一件事情的精神,哪怕道路再泥泞,也一定要迎着泥泞往前走,我们浙大的

101

How to Define?

彳 德 十目一心

师生要引领整个世界，做前人没有做过的事情。其次，在泥泞的道路上可能会遇到艰难险阻，所以一定要保持热情、永葆青春。同时要保持一颗平和的心，无论碰到多少困难或取得多大的成绩，我们都应该保持一颗平和的心。因为我们相信，我们所做的一切事情都是为了——第一我是浙大人，第二我们是中国人，第三我们要为社会以及世界和人类作贡献！

我也在学生群体中做了一下调研，这是学生群体给出的答案。他们说立德树人，包含三个方面，第一就是做人的基本准则，比如说温良恭俭让；第二，老师立德的层面应该包含师德（职业道德），比如说学术上的钻研和努力，教师对教育工作的热爱，对学生要视如己出。最后，教师所有的努力要带给我们学生的是一种信念，就是说我们在浙大会变得更好，因为老师的引领，我们会对这个社会、对人类作出更好的贡献。

关于立德树人，我想不同的老师、不同的群体会给出不同的答案。我很想问一下三位老师，您怎么定义立德树人，尤其是"德"的概念？

苏德矿:

关于立德树人,我是这样想的,还是按照习近平总书记说的这四句话,作为一个老师,要有理想信念,有道德情操,有扎实知识,有仁爱之心。不仅我们老师要有,还要把这些传递给学生,如果学生也能做到这些,立德树人的目标也就达到了。立德树人的关键,就是我们老师怎么用理想信念、道德情操影响学生,让他们学到扎实知识,有仁爱之心。在我们的教学中,在我们的课余时间,让他们潜移默化地去接受、去践行。

赵　阳:

很荣幸来参加"师说"论坛,关于立德树人,我觉得这个"德"的概念非常大,从不同层面、角度去概括,都有道理。刚才梁老师提到竺可桢老校长的十六个字,我觉得"德"最好的一个概括,就是"公忠坚毅,担当大任,主持风尚,转移国运"。在不同时期,可能它的内涵是不一样的,但如果能够真正做到这十六个字,我觉得就是大德。

张　彦:

各位老师、同学大家下午好,非常荣幸参加这样的一个"师说"论坛。刚刚看到梁老师以及前面两位老师对这个"德"的解读,我自己在上伦理学的课,我们在讲伦理学的时候往往会把"德"跟"道"连在一起。我第一层面上理解这个"德"字,是把它理解为一种个人的自我修养,个人的一种自我提高。因为我们说"德者,得也",最早是通过个人的那种所得、获得、心得来体现的。所谓"无乎不在谓之道天道人道自然之道,所以无乎不在自其所得谓之德",所以"德"有一种自我修炼、自我成长的含义,最初是跟我们每个个体都相关的。

"德"的第二层含义,就是"感乎天地间在于德,德者外德于人内德于心","德"不仅仅是个体,尤其我们现在生活在全球化时代,它不是一个孤立的原子,不是一个荒岛上的这样的一个人,它是一个内外相通、内外相得、内外相对的一个过程。所以说它会有一个从个体跨越到共同体,两者之间的相互成长。借刚才苏老师讲的习近平总书记对教师的四个要求,包括赵老师讲的我们竺老校长 16 字的要求,我觉得今天我们相聚在这个求是园,师生能够共同成长,这就是一种"大德"的体现。这是我的理解。

➤ 一流大学如何立德树人？

梁君英：

好,非常谢谢三位老师,我觉得或许大家表述的方式不一样,但是内核是一样的。无论是竺可桢老校长,还是我们的历任校长,其实一直都在强调立德树人,都在践行"求是"和"求是创新",把人才培养放在首位。谈到人才培养的话,浙江大学正在迈向世界一流大学的进程中,我想到的第二个问题就是,立德树人中的"德"就像刚才张彦老师所说,是中国传统文化里一个非常核心的价值理念,如何与世界一流大学建设进行一个比较好的融合？

苏德矿：

讲到一流大学的建设,其实我在不同场合都表示过这个观点：我们浙大不仅要做好"高大上",也要做好"低小下"。说到"高",比如我们要培养优秀的硕士、博士,包括博士后；"大"就是我们要申请国家重大项目,发表高质量的文章,比如在《自然》杂志上发表新的成果等；"上"的话,比如我们请一些著名科学家、有成就的人士,到浙大给我们同学讲前沿工作,开阔同学们的视野等。所谓的"低小下","低"就是我们要培养优秀的本科生，本科生是我们高校的基础；"小"就是我们老师尤其是基础课的老师，要做看起来"小"的事情，研究教学问题，申请教学项目，然后来写教学方面的文章，来编教材；"下"就是我们老师要融合到学生中去。

比如说我们整天要求学生好好学习，但到底该如何学习？虽然进浙大的同学确实都很优秀，但是以后的路怎么走他们不一定知道。不少中学老师告诉他们，你们只要考上大学，后边就好办了。但是考上大学以后，家长也管不了，上课之外老师也不常见了，虽然我们许多辅导员愿意和他们沟通，但也不可能天天盯着。任课老师怎么在传递知识的同时，教会学生做人？我一般会利用课前课间时间，给学生放一些视频。比如说我第一次上课，我就给他们看世界上著名大学的视频，我最喜欢放的就是哈佛大学。同学们看了以后就会明白，进浙大并不是我们的终点，而是我们新的起点。毕业以后要去读世界上最好大学的博士，要拿到全额资助，然后完成学业，来报答父母、报答祖国。我有时候也会放一些励志的视频，比如一些成功人士的采访，看人家是怎么努力拼搏，最后取得成功的。

当然，上课时间是有限的，我们在课堂中确实有机会融入一些做人的道理，但毕竟传授知识更多一点，那就关键看课后怎么教书育人。所以，我现在就利用我的微博，我微博的粉丝已经有 12 万。我这个手机是 6.5 英寸的，我随时随地给学生答疑数学问题，包括中午我在这个地方，就回答了 10 多个数学问题。今天上午刚上了 5 节课，全部对外直播，每节课观看人数都达到 3000 多人。一下子就三四千人，几天一过就几万人。其实，利用微博来答疑大大提高了效率。因为很多人问的问题都有共同性，我回答了一个人的问题，然后转发出去，有类似问题的人只要看到微博,他就能够搞清楚了。回答一个问题,往往很多人受益。

另外,借助这个平台,除了和他们交流数学,还可以探讨人生,怎么样来做人做事。所以,我经常转发一些正能量的微博。举个简单例子,我前段时间转了一个小鸭子上台阶的视频。开始小鸭子一个一个往上蹦,怎么都蹦不上去。后来有个小鸭子努力蹦上去了,后边这些小鸭子不断地蹦,不断地尝试,终于一阶一阶都上去了。这在心理学叫"启动效应",就让同学们看到这些小动物遇到困难时,都这么勇敢地去克服,我们作为人更要勇敢地面对困难,不能灰心丧气。这样,学生就会感受到,老师确实一心一意为我们,只有你成为他们的朋友,他们才能够信任你,才愿意听你讲的话。

我还经常转我们浙大的官微,学校有什么重要的新闻,我就微博上转出来。总之,我觉得要建设好一流大学,就两个方面都要做好,缺一不可。这是我的想法。

梁君英:

好,谢谢苏老师,我一直以来对苏老师都是远远地膜拜。王勤老师让我来主持今天的访谈,我毫不犹豫就答应了,因为有机会能够和三位在浙江大学不同岗位上卓越的老师在一起,是我特别好的学习机会。

刚才苏老师谈到建设世界一流大学和立德树人的关系,我就想到了八个字"仰望星空,脚踏实地"。我在上翻译课尤其是口译课的时候,问过学生该如何翻译"仰望星空,脚踏实地",一个简单朴素的翻译是"think globally, do locally",大处着眼、小处着手,意思是思维是全局的、长远的,但是要从一件件具体的小事做起。所以,我觉得刚才苏老师讲的其实就是"仰望星空"和"脚踏实地"的操作层面。追求世界一流,确实是我们仰望星空的一部分,但是所有的"一流"是要靠我们脚踏实地地从小事做起,尤其是要靠我们培养出优秀的人才来实现。

好,那么接下来是赵阳老师,我对赵老师也非常好奇。前几天王勤老师给我作了一个简单介绍,说赵阳老师是一个专业课的老师,但是他现在在求是学院蓝田学园做学园主任,直接从事学生工作。我拜读了一下赵阳老师的相关研究,他的研究方向叫空间结构、壳体结构与钢结构,承担了相关的项目,发表了 60 多篇论文。所以我特别好奇,一位专业教师,您平时教学科研任务已经非常繁忙,而且压力还有点大,您是怎么会选择直接面对学生的工作?您在立德树人与做国际一流学者之间是怎么选择的,背后有什么样的理念?

赵　阳:

梁老师不愧是"金牌主持人",不知从哪里找来的资料,真是非常厉害。其实,去蓝田学园这个事是很偶然的,之前我一直在学院做科研、带研究生、上课。2014 年学校派我去云南大学挂职一年,回来就让我到求是学院蓝田学园去。说实在的,我当时都不知道这个求是学院蓝田学园是个什么样的机构。今天有许多专业学院的青年教师在,借这个机会简单给大家普及一下。

我们现在大一新生进校以后,都没有到专业院系。目前院系是没有一、二年级学生的,一、二年级都在求是学院。所以我们叫"一横多纵",所谓"一横"就是求是学院,"多纵"就是各个专业院系。在求是学院里面,又分了三大学园:丹青、云峰、蓝田,我所在的是蓝田学园。浙大每年新生有 6000 人左右,每个学园新生将近 2000 人。这个当然是题外话。

我之前没有做过学生工作,原来在学院里主要接触的是研究生。后来学校提倡教授给本科生开课,五年前开始结合专业给本科生开了一门新课,也就100多位学生。不知道各位怎么想,我觉得在学校工作接触学生很少是个遗憾。虽说是大学老师,但是之前接触到的东西好像跟在研究机构或者在科学院差不多。所以,我想既然有这个机会去接触一下学生就去吧,况且自己其实已经不年轻了。我如果不去接触,可能就跟这个年代的大学生脱节了,对他们的所思所想,可能根本就不了解,这就失去了在大学里面工作的一个乐趣。浙大有很多年轻的学生,他们有很多新的想法。如果你在这里只是做研究,或者只带博士生、硕士生,不跟本科生接触的话,就少了一些什么,以前也一直有点遗憾。所以正好有这个机会,我就去了。

我是2015年初去的蓝田学园,时间过得很快,已经两年多了,在学生工作方面只能说刚入门。去了以后一个最大的体会,就是对辅导员工作的认识。今天在座有我们学园的很多辅导员,他们来给我捧场,我想借此机会讲讲辅导员的工作。专业学院的老师,可能对辅导员这个群体不太了解,包括我之前也是这样。

在浙大这样一个人才济济的地方,辅导员可能是最不起眼的。他们年轻,资历又浅,职称也都不高。但是他们的工作真的非常辛苦,直接面对那么多的学生。我们蓝田学园一届学生有1900人,两届就是3800左右的学生,我们只有13个专业辅导员。每个辅导员,面对的学生300到400人,多的时候400多。学生碰到什么问题都去找他们,他们其实自己也很年轻。现在的学生,优秀的很多,但有问题的也不少,比如心理问题等等。辅导员好像是全能的,手机也不能关,每天晚上,学生、家长都给他(她)发短信,家长也会深更半夜给我们的辅导员发短信。学生出问题了,找辅导员聊,在那哭,一聊就聊几个小时,真的是非常辛苦。所以,借这个机会,我想请我们的专业老师特别是班主任,多多理解、支持我们辅导员的工作。

我们老师如果当班主任的话,有时会觉得辅导员事挺多,一会儿发个邮件,希望你去关心一下哪个学生,一会儿发个短信有什么事情让你去一趟,其实是需要你们的支持与配合。因为我们一个辅导员下面三四百个学生,很难每个学生都服务到位。我到学园工作后发现,我们的学生,好的学生非常好,浙大有很多资源,优秀学生有广阔的舞台去展示。但是,我们也有"三困学生",特别是心理困难和学业困难的学生,是我们重点关注的对象,也有关我们思政线老师的底线思维。如果是学生骨干、优秀学生,辅导员跟他也会有许多交流。往往那些普通的学生,在学校里可能存在感相对比较低,甚至都不知道自己的辅导员是谁。这些相对普通的学生,怎么去关心他们、帮助他们,光靠辅导员的力量是远远不够的。

说到一流大学,习近平总书记在高校思想政治工作会议上指出:"只有培养出一流人才的高校,才能够成为世界一流大学。"我想这是非常明确的,从历史上去看也是这样。西南联大办学只有短短 8 年,但在中国高等教育史上的地位很高。包括我们浙大在贵州遵义、湄潭期间的办学,如果没有当时在那么艰难困苦的情况下,培养出一大批杰出人才,是不可能有今天这么高地位的。十年树木,百年树人,培养人才不是短期的事。当然短期可以说有多少学生考上了世界名校等,但我想这还都是一个过程。总体上还是长远的,最终要看我们培养的学生,能够给国家作出多大的贡献,对民族甚至全人类能够作出多大的贡献。这样的学生多了,这个学校当然就是一流大学。所以,育人

现场图片 1

不能只看眼前，最终还是要看培养的人真正发挥的作用。

梁君英：

好，谢谢赵老师。赵老师刚才讲到一个非常重要的点，比如我们每次说哈佛怎么厉害，耶鲁怎么厉害，往往都会说它究竟培养了多少著名的校友。"十年树木，百年树人"这句话绝对没有错。可能在当下我们没有看出来或者说没有显著的，比如说你工作一两年、三四年或者是十年可能都还不显著，可是二十年三十年之后，甚至是五十年之后，我们浙江大学培养出来的学生，成效就显现出来了。所以我非常同意赵老师的意见。

我还要透露一个小细节，我私底下去访问了赵老师所在的蓝田学园的学生。他们告诉我,虽然赵老师是从事教学、科研的老师,但是他晚上经常在办公室找我们一个个谈话,非常感动。我认识的在学园工作的老师也对我说,赵老师特别朴素、全情投入。因为"双肩挑"会更辛苦,大家觉得对吗?比如有些老师是专职做行政管理的,做学园主任可能还好,因为已经比较习惯了。但赵老师还要带研究生、要授课、做科研,还要同时面对学生事无巨细的事情。所以,我们有些一二年级的同学,可能还不能够深刻体会到浙大老师的好,但到了毕业的时候,当你回望遇到的每一个老师,我相信你会非常感动。

说到感动,刚才张彦老师已经让我们欣赏到了她在传统文化方面的造诣,我也非常认真去拜读过张彦老师的论文。张彦老师的研究方向是马克思主义伦理学、价值哲学和道德教育。所以我一看就很放心,今天如果我有地方说错了,张彦老师肯定会敏锐地察觉并给我修正过来。张彦老师发表的论文基本上都是在《哲学研究》《哲学动态》《自然辩证法研究》这样一些比较高端的刊物上,在我看来好像很遥远,但是当我静下来心去读的时候,读到的是深情。比如说马克思主义伦理学,本来觉得离我很遥远,可是去看张彦老师的论文,就会发现其实这个概念在她的文章中是很深情的、有温度的、立体的,而且是具体的。所以我想请张彦老师来谈一下,作为一名"两课"老师,您怎么看待立德树人和国际化建设的关系?

张　彦:

谢谢梁老师这么用心,您的用心让我对这个"德"字有了更深的一个理解。刚才梁老师已经做了一个"德"字的拆分和解释,这个双人旁读作"彳"。我也来做个趣解,我们再来写一遍"德"字,双人旁可以看作两个人,来到一个十字路口,十字路口有四个方向,这时候我们该怎么走,该怎么选择? 然后我们要"一心"。所以我们讲立德树人,首先要有"一心","一心"就是要用心。

现场图片 2

　　刚才听了苏老师和赵老师对立德树人的理解,我觉得今天嘉宾的选择特别好,我们工会特别用心。梁老师和苏老师说,他们都是上公共课上基础课的,我也是,我比你们更基础。因为外语、数学可能还有免修的,但是我们思政理论课,国家规定不能免修也不能免考。所以,我们一年一届 6000 多本科生,然后 7000 多的硕博生都是要上这六门课,这么量大面广的基础课,对我们育人主渠道的要求应该会更高。刚才讲赵老师是一个"双肩挑"的老师,既是专业课老师,也是学工线的老师。我是马克思主义学院的老师,应该也是思政理论工作者中的一员,也是"双肩挑"的老师。所以,我们回到"德"字,我们都有"一心"。我们可能在不同岗位、不同领域,但我们都在为如何培养更好的人、如何把浙大建设成一流大学而努力,在不同的岗位上作出自己的贡献。

作为"两课"老师和年轻老师的一个代表,我最多的时候一年要上300多节课,我们有的老师一年400多节500多节都有,所以思政课老师的教学压力会很大。我刚才算了一下,我一年最多的时候直接面对一千个学生授课。当然跟苏老师不能比,他一个直播马上会有许多学生。但我们上课强调有情感的沟通、有价值的认同,所以面对面授课可能效果会更好。在去年高校思想政治工作会议上,习近平总书记也强调,如何把思政理论课上得更好、更接地气、更有人气。其实,我们也做了很多努力,总书记有一句话我特别有感受,不仅是面对公共课的学生,包括专业课,我们带硕士生带博士生也是一样的。总书记说,要满足学生的期待,满足学生的成长需求。回到一流大学建设也是如此,就是培养好学生,培养好人才,这就是一流大学。所以,我们怎么去琢磨这个问题?学生有哪些需求?有哪些期待?对老师有什么期待?对学校有什么期待?这就是我刚才讲"德"就是回到我们要用心的地方,回到我们所有人要"一心"的地方,这是我的感受。

梁君英:

好,谢谢张彦老师。刚才张彦老师说她一年是300多课时,我借点时间说一下我们外语学院。我从2002年开始到2014年,我每年固定上课工作量是526学时,而且坚持了12年。前段时间我们去广州,人家就问我,你们浙大老师究竟是什么材料做成的?我说那是因为我们一心向着世界一流大学,所以纵然526课时,我们依然坚持教学与科研两不误。我只是一个代表,我们外语学院所有基础课老师基本上都有这么多课时。外语学院老师课时多的一个原因是因为我们必须小班教学。我曾经参评过学校优质教学奖,我当时说了一句话,说每个学生我都会记住他们的名字,因为这个小细节会让学生觉得被听到,被认同,被尊重,这对学生来说非常重要。

所以,无论是张彦老师说教学要有人文情怀,还是赵阳老师在繁重的教学科研之余办公室永远为学生亮着灯,还是苏德矿老师一直以来不辞辛苦、不遗余力地开通微博答疑、直播的路径,让校内校外的学生都能够分享苏老师的课堂,我觉得可能是我们都有一种信念,这个信念就是我们浙大人的担当与责任,也就是我们竺可桢老校长所说的,公忠坚毅、担当大任、主持风尚、转移国运。回到刚才讲的 Think globally,do locally,就是在仰望星空的同时,我们也脚踏实地。

> **怎么将立德树人落实到操作层面?**

梁君英:

好,非常感谢各位老师,我觉得刚才各位老师谈到的关于一流大学建设与立德树人其实是融为一体的,因为我们心怀信念,最重要的是我们脚踏实地,将立德树人作为我们浙大的根本任务,这是三位老师共同的认识。接下来我想讲一下,关于我昨天在 30 个学生中做的调研,真的非常感动。我是在口译课上做的调研,先是要求学生自告奋勇地就立德树人主题做自由演讲,之后让其他人用英文总结,而且要高度概括前面同学对于立德树人的看法。其中有几位同学讲得特别好,有一位同学以苏老师为例,说苏老师非常关注"三困"学生。苏老师凭着多年的教学经验能够非常敏锐地识别到哪些学生内心是有忐忑的、有焦虑的、有惶恐的甚至是绝望的,他能够体会到这个人群的存在，上课时能够照顾到所有群体的需要。这位同学是四年级的，拿到了哥伦比亚大学的录取通知书，他说虽然马上要离开浙大了，但是会带走苏老师对我们的祝福，以及他给我们的引领。所以，我特别想知道，除了立德树人和一流大学建设的理念之外，三位老师在各自的教学和工作中，是怎么把立德树人落实到操作层面的？

苏德矿：

谢谢梁老师，其实我真的就是做了自己的本职工作而已。我在浙大已经工作 30 年了，到浙大读研究生之前，我在中学当了 4 年的数学老师，算起来已经有 34 年教龄了。我在这么多年的教学中，总结出一些心得，我经常到其他高校作交流，包括学校新教师培训，我就讲我的教学"六字经"（懂、透、精、趣、情、德）。数学这门课，首先你要给它搞懂，有的人都听不懂，后面怎么再继续下去，他就没信心了。所以说，教学中如何使学生听得懂，如何使学生听得透彻，如何使学生学得精益求精，如何让学生在听的过程中有兴趣，如何在教学相长中建立师生的情谊，怎么在教学中包括课后交流中培养学生的品德等，都需要我们思考探索。其实我这个"六字经"，是 2011 年总结出来的。在教学过程中，为了使学生听得懂，我也是想尽各种办法，包括网上经常流传的所谓的段子。课堂上语言的生动性很重要，你要用不同的语言来吸引学生，包括实际生活中的例子，让同学们印象深刻，想忘都忘不掉。

至于说教书育人，说实话，在课堂上讲怎么做人、做事还是有限的，毕竟这么多教学内容，是要传授的。当然如果能结合进来，我绝对不会放过，更多还是利用课后时间。我经常说，我每天利用微博答疑 3 个小时。早上 6 点起来，我就到微博上看看，因为我上课基本都是从第一节课开始，一上就是五节课，如果有同学提数学问题，我就给转发出去。有些同学提的数学问题比较难，说实话有些题目我也不一定会做。因为我的微博不仅回答同学们学习高等数学（微积分）的问题，还有考研高等数学（微积分）的问题。而考研的题目往往是比较难的，靠一个人时间精力上有困难。我转发出去以后，等我下课后坐在校车上，就发现有的同学已经给他回答了。然后有些没有回答的问题，我有时间再看一看，下午或晚上再抽空回答。我哪怕在火车上、机场里或等车的时候，都可以回答问题，总之是抽空。有的同学还惊讶，苏老师的数学符号怎么打得这么漂亮？我说我用的是搜狗拼音，里面有数学符号。这样回答，同学就感到你这个人特别亲切。哪怕是问很简单的问题，我从来不责怪，这样就能获得同学们的信赖。

我还经常转发一些有意义的微博，转的最多是我们浙大的官方微博。首先，我作为浙大老师，我要宣传浙大，包括浙大所取得的一些成就。还有就是浙大的一些重大事件、重要活动，包括校友的集体婚礼。校友集体婚礼每年都有同学邀请我，作为新人"最想见的老师"。我就直播，整整播了一个多小时，结果看的人有 9 万多。总之，想尽办法爱学校，学校好，我们大家才会好。

有一次给同学们做直播，就在我家里。我们不仅让同学们学知识，还要告诉同学怎么做人。我们都是过来人，很多老师都有丰富多彩的人生经历。所以，我就利用直播，给同学们讲"我的求学之梦"。我以前是 77 级师专毕业的，师专毕业后到中学当老师，又读"专升本"，再回到中学当老师，然后 1985 年考研究生考到浙大，我就给同学们讲这个奋斗过程。

除了求学之梦，我还和同学们分享唱歌之梦、爱情之梦。说实话，我到高中毕业以后才会唱歌，而且到浙大后第一次参加比赛，那时我在读研究生。那次我自我感觉唱得不错，应该能获奖，结果什么奖都没得。我就到浙江歌舞团参加了一学期的唱歌培训，1987年参加浙大首届十大歌星比赛，结果获得第七名。1988年又跟着浙大合唱团参加全国首届大学生合唱比赛，而且我是男生的领唱，唱《乌苏里船歌》，这是30年前的事情了。告诉同学们什么？就是遇到困难、没取得成功时怎么办？我要努力地改变。包括我的爱情之梦，我跟同学们讲的时候，就把我爱人当年的照片拿出来给他们看。我夫人是解放军院校毕业的，分到空军部队。1988年的时候，部队的女军人是很受欢迎的。我夫人年轻时的照片不输现在的明星，而且那时候都是素颜照。我经常跟同学说，我其貌不扬，个子也不高。但是我经过努力，考上了浙大的研究生，说明在学业上我有一定的能力。另外，我还有特长会唱歌，所以就实现了我的爱情之梦。

然后再给同学们讲我的教师之梦，我是怎么一步一步走过来的，能够在浙大变得这么受欢迎。那次当天晚上看直播的有92万人，你说影响力多大？当然，我利用平时的晚上时间，基本每周给同学们开一次直播，比如说讨论我这一周上的微积分内容，大家有什么不清楚的，可以和我讨论。而且不仅面对浙大的学生，也面向全国的学生，就是如何学好微积分。所以说，首先要知道学生需要什么，我们才能去帮助他。

除此之外，我们浙大有很多的社团，经常叫我参加他们的活动，我只要有时间就去参加。学生问我问题，我只要知道就告诉他们；学生遇到困难，我就把自己的经验告诉他，鼓励他们勇敢地面对，去克服这些困难，以后又是康庄大道。当然有的老师可能很忙，我可能稍微好一点,因为家务事都让夫人承担了。所以我也常说我取得点成绩,其中也有我夫人的功劳。

我经常这样形容我和学生的关系,学生是水我是鱼,如果没有水,我这个鱼也活不成。尤其我们教基础课的老师,应该尽量抽出时间和同学融合到一起。我也经常说,如果我们辅导员有一个专长,比如说有的辅导员是理科留下来的,数学比较好,有的是文科留下来的,英语比较好,就可以成为沟通的桥梁。其实大学里,不少同学最害怕的就是数学和英语,如果我们辅导员在这两个学科上比较擅长,就可以帮助他们。至少可以沟通,我可以帮助你、开导你。学生就会把你当成朋友,什么话都愿意告诉你。换句话说,我们只要用心,只要我们尽心为同学服务,学生也会喜欢你。而且即使上课你有这样那样的不足,学生也会体谅你的,当然我们还要尽力做好自己的工作。谢谢大家。

现场图片 3

梁君英：

谢谢苏老师，苏老师讲得非常具体。接下来我想问一下赵老师，我们特别想知道，赵老师您在立德树人方面具体会落实在哪些操作层面上？

赵　阳：

好，首先我也是要非常感谢苏老师，苏老师刚才自己讲了很多例子，他确实对我们学园很多活动很支持，只要他有时间，我们请他他都来。我们去年举办离园仪式，向学生公开征集"你最想见到的老师"，呼声最高的就是苏老师。苏老师上来就给同学送书，微积分的参考书；然后唱歌，《金梭和银梭》。还有一次，我们组织冬衣募捐，也请苏老师当形象大使，结果我们征集到的衣服就特别多。所以，非常感谢苏老师。

说到操作层面，我还是想跟大家交流一下，从一个工科专业老师的角度学习全国高校思想政治工作会议精神和习近平总书记讲话的体会。我的体会，就是立德树人总体上还是归结到思想政治工作，最大的体会就是专业老师在思政工作中所要发挥的作用。其实是提出了一个新的要求，或者说以前强调不够、关注不够。上星期教育部思政司司长来浙大调研，作了一个很重要的讲话，给我留下印象最深的一句话是：高校思想政治工作的主体是专业老师。我们一般理解，思想政治工作的主体是思政线的老师，或者像张彦老师这样的思政理论课教师。但是司长说，高校思想政治工作的主体是专业教师，这个给我印象非常的深刻。他说要做好思想政治工作，课堂教学是主渠道，当然也强调了思想政治理论课的重要性。有句话非常形象，就是各类课程都要"守好一段渠，种好责任田"，和思政理论课程同向同行，形成协同效应。

我理解,各类课程既包括数学物理这样的基础课,也包括专业课。专业课里面当然有哲学社会科学,也包括自然科学和我们工科的专业课。那么,工科的专业课怎么发挥课程思政的作用呢?中央31号文件里面有一句话,就是要去挖掘、运用每个学科中所蕴含的思想政治教育的资源,说每个学科都要去挖掘资源。专业课老师怎么去挖掘学科中的德育元素,我觉得是需要好好思考的一件事。我记得浙大有门课《物理学与现代文明》,像这样的通识课程的德育元素比较容易挖掘一些,但对我们土木工程,怎么去挖掘这个元素?我一直在琢磨,比方说我们讲理想信念教育,都会讲到两弹元勋,两弹元勋在那么困难的条件下最终做出了了不起的成绩。其实,我们每个学科都有这样的代表人物,无非领域不一样,比如学科创始人,比如作出突出贡献的,需要我们去挖掘。像我们土木工程,就有茅以升,他修的钱塘江大桥。

当然,还包括我们整个学科的发展,包括我们现在取得的一些巨大成就。我是学土木的,现在我们跟国外一些教授交流时,他们很羡慕,因为土木工程这个学科它是需要实践的,我们实践性很强。国外教授羡慕我们中国的教授有那么多参加巨大工程实践的机会。比如北京奥运会、上海世博会这样大型的活动,杭州也办了G20,接下去亚运会的场馆也差不多建成了,还有我们的机场等等那么多的工程项目。不管我们老师是亲自参与或者了解情况后跟学生讲,都可以让同学们增强自信,就是中国自信。

这星期给同学们上课,正好讲到索结构,我就举个例子,连夜做了个PPT。我们现在很关注的一个大项目,就是贵州刚建成的FAST,500米口径的天文望远镜。我PPT一放出来,问大家是否知道这是什么项目，大多数同学还是关心的，说是中国刚建成的世界上最大单口径、最灵敏的球面射电望远镜。我说在这样的国家大科学装置的基础建设上，其实土木人作了很大的贡献。500米口径望远镜的反射面支承在一个球面的索网结构上，而这个索网为了实现不同的观测目标，需要调节形状，形成300米口径的抛物面，因此这是一个可动的索网结构，这个结构是实现望远镜功能的很重要的一个部分。这个设计就是我一个师弟设计的，他现在北京市建筑设计院，是浙大博士毕业的。我就跟同学讲这些，因为刚好与我们的课程内容结合起来。一方面可增加同学们的自信，另一方面也能够使我们的专业课程跟我们国家建设的重大工程项目有一个很好的结合。

上次教育部司长来调研的时候，也说到这个，我印象很深。他说一个好的专业课老师和普通的专业课老师区别在哪里，或者说专业课老师除了传授知识还要跟学生讲什么？一个是学科前沿，我想这对浙大老师应该没问题，我们都是科研做得非常好的老师，对浙大老师来说是强项。要给同学们讲学科的前沿，然后要讲学科学术规范，这也很重要，还有学术史思想史。讲了这些以后，可以让同学们了解这个学科的脉络、学科的进展，再通过学术史思想史去了解它的先进性、局限性，可能会在学生的整个培养中起到很大的作用，学生的收获可能是非常大的。

上个月，吴朝晖校长作为"新生之友"去看望结对的学生，结对的寝室刚好在我们蓝田。他跟学生交流的时候也说到了一个很重要的观点，他说我鼓励你们要跟着学科一起成长。其实对于一年级同学来说，也许还挺难理解。吴校长举例说，虽然你现在才大一，但如果以后你从事这个专业，你还是要看到学科整个发展的趋势，看到这个学科今后的发展方向在什么地方。如果你做的东西能够跟你学科的发展结合起来,那么对你以后的进步是非常有益的。从这个角度来说,可能我们专业课的老师,在学科层面、在专业课的层面,可以在立德树人当中发挥更大的作用。所以,我特别愿意跟我们的专业老师分享,除了做好原来的教学、科研,还有新的要求,就是怎么"守好一段渠,种好责任田",挖掘自己学科、课程中的德育元素,这可能是一个新的课题。

梁君英:

好,谢谢赵老师,我觉得赵老师刚才印证了竺校长的那句话,就是我们浙大培养的学生,是能够担当大任,承担着关系国计民生的大项目。我们土木系包括浙江大学所有的专业课老师,他们真的是兢兢业业,奋斗在关系国计民生大事的"责任田"上。接下来,有请张老师——

张　彦:

下面请允许我做一下你的主持助理,刚才苏老师和赵老师谈得特别好,让我特别有启发。我跟苏老师是老朋友,也是邻居,苏老师不仅在教学上特别投入,还参加了很多公益活动。很多同学特别是文科的同学,其实对数学都是有点畏难情绪的,苏老师很好地鼓励了他们,这对一、二年级的同学来说特别重要。我觉得立德树人有一点特别重要,就是要有为公之心,有我们习近平总书记讲的仁爱之心。我觉得苏老师不仅在自己的学科领域中能够默默无闻地奉献,更重要的是有一个为公之心,而仁爱之心是立德树人的更高要求,是我们的榜样。

赵阳老师我也特别佩服,因为近五年我也一直在参与浙大的本科生招生,是浙大招生队伍中的一名志愿者。每次我去招生的地区生源还不错，每年大约有 100 多个同学会到浙大来，进校后也会有些沟通。大一新生都是到求是学院各个学园里面的，像赵阳老师他们要直接面对 2000 名左右的新生。大一新生要适应与高中不同的大学生活，他们需要一种引领，我们去招生的时候就有这种感受。因为招生只是一个阶段性工作，学生进校以后，他对浙大的了解、对专业的了解、对环境的适应，都有一个过程，与同学的关系、课程的选择、自我管理等，都是新的课题。学园也好，学院也好，包括在座的各位辅导员老师，都在其中起到了很大的作用。所以我觉得像赵阳老师在专业领域做得那么好，又能够致力于学园育人工作，特别让我佩服。

现在回到梁老师给我的问题，具体在我自己的学科领域，在我自己的教学过程或者说跟同学们一起成长的过程当中，我会有一些怎样的探索。梳理一下，第一是及时的反馈或者及时的沟通，第二是分类的指导，第三点就是共同的成长。

我稍微花点时间做个解释，第一就是及时的沟通，现在大家时间都很宝贵，可能老师也比较忙，那么怎么做到及时的沟通？我对自己的研究生就是，他们发一篇论文给我，一般我都会在当天做一个表示，我已经收到了。然后一般会在三天之内给一个反馈的意见，因为大论文是要给他们指导的，最晚就是一周内会给他们一个详细的修改意见。我的学生都知道有一篇文章我改了 12 稿，最后改到晚上 12 点还觉得有不足的地方，这是对自己专业学生的一个及时反馈。另外就是对公共课的学生，我上课要面对几百个学生，我们也会建微信群等。学生一有问题来，就进行一个及时的回答。其实及时反馈不仅仅在于当下，记得有件事情让我挺感动的。有个学生在大二的时候上过我的原理课，到大四的时候，可能面临着出国还是读研，或是找工作这样的困扰,他居然还会想起我,告诉我他的困惑。我只是在他这么多课程中陪他走了那么短短的一段,而且我面对学生也很多,甚至在校园里碰到可能都叫不出他的名字。但是他会在两年之后给我写信,告诉我他的困惑,希望我能够给他一点指点,我真的很感动。然后我也是当天晚上想了很久来回答他这个问题,根据我的经验、想法给他一个最诚恳的回答,我觉得这也是一种及时的反馈。

第二关于分类的指导,因为每个学生的需求是不一样的,我面临的学生也有所不同,可能对我们老师的要求会更高,需要我们有一些有差别的对待。这个"有差别"不是你不重视,而是正视"有差别"才会更好地尊重他们,才会对他们的成长更好地负责。那么对我自己的研究生来讲,我会根据他们不同的成长诉求,在他们的选题方向、职业发展方向上有不同的建议。我年龄跟研究生总体相差不是太大,我总是给予我最诚恳的一个建议,希望对他们有所帮助。比如有些适合继续走科研道路,有些可能比较适合社会工作,有些比较适合在高校工作等。

在面对大课堂的时候,其实我还是蛮羡慕梁老师他们的小班上课,这样课可以讲得很精彩。因为40人的课堂和200人的课堂是不一样的,大课堂对新老师来说挑战特别大。记得我第一次上思政理论课的时候,就面对210个学生。即使现在,因为我们思政课师资有限,所以总体上都是120人左右一个授课班。120人的课堂把控和小班还是有点不同的。最近几年我做了一个小小的改革,就是大班授课、小班讨论。我组织规模最大的一次讨论课就是在上学期,五个教室同时进行讨论课。我能够保证五个教室里所有的同学在那三节课里面,每个人针对同一话题进行一个比较充分的讨论。当然,我会事先布置好题目，有课代表还设置了一个观察员，观察员还要给其他人打分，然后还有每个课堂之间的一个交叉。相比较我们以前的授课方式（一贯式的专题讲授），那么现在要把学生分成十几个、二十几个小组，需要花比一般的授课模式更多的精力，包括我每次还要给他们做课程的一个回顾。因为讨论课分布在五个教室，而我不能分身，所以我在这三节课里面每个课堂只能到 20 分钟至 30 分钟，但是我肯定会把五个课堂都走到。然后有助教、有课代表、有主持人，进行课堂的把握。我觉得这也是一种分类管理，或者说分解我设计的情境式教学方法这样的一种不同。考虑到浙大是个综合性大学，有不同专业。所以在上课的过程中，如果我这个班级人文社科类的同学比较多，我会比较注重一些思辨性的讨论话题；如果以理工科为主的话，则可能更注重一些基础知识的普及或者讲授等等。

最后就是"共同的成长"。我在浙大快十九个年头了，我是浙大的本、硕、博、博后，也是四校合并后的第一届学生。我觉得归结一点，不管是对自己专业学科里的学生也好，还是我们上基础课的每位学生也好，我都是在这个过程中跟他们一起共同成长，从他们身上我也学到很多，这是我最大的一个体会，谢谢。

梁君英：

谢谢三位老师的精彩分享，我想在这里做个小小的总结。我们学校的英文网站上有一个校长致辞（message from president），我觉得在这里可以分享一下。吴朝晖校长说，In this era of globalization, the University is keen to work with international partners in the shared pursuit of knowledge and excellence, to contribute to the development and progress of human society（在全球化的时代，浙江大学期待

与世界各高校合作,共同致力于追求知识追求卓越,为人类社会的发
展与进步贡献我们的力量)。我对比过我们校长的致辞和哈佛大学、
普林斯顿大学、伯克利、斯坦福等名校校长的致辞,关键词都是相似
的。也就是说,浙江大学在争创一流的过程中,我们的办学理念从竺
校长开始到今天吴校长,都指向了一点,就是在建设世界一流大学这
个背景下,我们已经准备好了。

今天三位老师都传递了一个共同的信念,刚好我提前做了这么一
张 PPT。

这是一个金字塔。金字塔第一层,其实就是三位老师都谈到个体
的德行问题,比如说我们老师的个人品德,比如说从目、从心、从行动,
也就是用心去从事,用眼睛看学生、看自己的职业、看这个世界,而且
在不断付诸行动中脚踏实地、仰望星空。我觉得这第一层应该叫 in-
dividual quality(个体特征),我们三位老师都提到了这一点。作为个
体的老师,您所具备的个人品德将会成为一个坚强的基石,支撑起我
们建设世界一流大学的金字塔。第二个层面我想说的就是 **interac-**

tive，互动、交互，三位老师的分享中其实是讲到了五个交互：社会主义核心价值观与世界一流标准的交互，这是第一个；一流大学、一流学科建设与脚踏实地从小事做起、从细处着眼的一个交互，这是第二个交互；我们在教学、科研中与学生的交互，在专业研究中把大项目承担责任与育人之间的交互，我觉得这是第三个交互；还有就是课程建设与教材建设的交互，全国高校思想政治工作会议也提到，要把立德树人这个概念融合到课堂以及教材过程当中去，这是第四个交互；第五个交互，今天我们其实就是一个非常好的多学科交互，我们在座的老师来自理科、工科、人文社科，我是外语，有专业课老师、基础课老师和辅导员，也是一个很好的课外第二课堂的交互。最后，在这样坚实的基础之上，我们其实走到了一个更高的层次，也是我们浙江大学的终极目标，就是 **inspiring**，引领。inspiring the world and young generation，就是引领这个世界、引领青年一代。我们有信心，有勇气；我们对于浙大的未来充满信心。文化的自信和我们对于脚踏实地仰望星空的自信，使我们能在第一层的个体特征、第二层的交互特征之上，一定能朝着世界一流的方向努力前行；一定能在充分整合我们的立德树人和我们的中国文化自信上，更进一步。

最后祝大家好，祝我们浙大好，谢谢大家，谢谢你们。

➤ 编辑手记 ［王勤］

三位嘉宾的分享引起了现场教师的共鸣，互动环节有老师感言，"今天是非常重要的一课"，对"立德树人"有了新的认识。作为教师，对学生的引领，不仅在知识上、技术上，更重要的是在人格与素养上，后者会让学生受益终生。

　　有老师对苏德矿教授长期在教书育人方面花费大量精力、坚持微博答疑表示敬佩,提醒苏老师保护好视力。有着 1500 度高度近视的苏老师回应道,自己也担心眼睛问题,但面对那么多提问,根本停不下来。因为老师就像蜡烛,燃烧自己,照亮别人。看到许多学生包括外校学生在微博上受益,觉得自己的辛苦很值。同时,微博也是宣传浙大的平台,看到不少学生因为自己而认识浙大、走进浙大,感到特别开心。

　　现场青年教师还就学生的心理健康问题及如何引导与现场嘉宾、主持人进行了交流。赵阳老师认为,有的学生心理比较脆弱,这在大一新生中比较常见,因为刚刚从家庭呵护中走向独立,可以理解。但到了研究生阶段,完全是成人了,应该学会承受压力,对自己的行为负

现场图片 4

责,不能遇到一点挫折就退缩。梁君英老师则从社会心理学角度,给出了如何更好帮助心理脆弱学生的建议与技巧。

"只有培养出一流人才的高校,才能够成为世界一流大学。"立德树人,永远在路上。

（摄影:张　鸢）

用'心'授课,乐在其中

——朱柏铭教授分享"教学秘笈"

教师是人类灵魂的工程师,是学生健康成长的指导者和引路人。"教师要时刻铭记教书育人的使命……以人格魅力引导学生心灵,以学术造诣开启学生的智慧之门。"如果说育人是教师的天职,教学则是教师的基本功。在研究型大学,如何处理好教学、科研和育人的关系,提升教学水平,争做受学生欢迎的"品行之师""学识之师""仁爱之师",是青年教师需要思考和实践的课题。

主讲嘉宾:

朱柏铭,男,浙江大学经济学院教授、博士生导师。曾获宝钢优秀教师奖、全国 MPA 优秀教学奖、浙江省第五届师德标兵、浙江大学优质教学一等奖、唐立新教学名师奖等荣誉。

时　间:

2017 年 10 月 23 日

地点:

浙江大学紫金港校区校友楼紫金港厅

➢ 观点摘录

——我把到课率看作教学的一个晴雨表,到课率固然与学生的学习态度、素质等有关,但关键是老师。听课这个行为其实是有成本和收益的,时间对每个人来说都是比较稀缺的资源,如果学生感到老师的课对自己有益,有收获有帮助,他是不会"翘课"的。所以,到课率不高,说明你的课堂没有吸引力,老师首先要反思。

——教书与育人是不可分的,我一直觉得做老师搞教学是非常有意思的一件事情。教学讲究因材施教,备课的关键是选择内容,我在准备教学专题时,一般包含基础知识、问题讨论和案例分析,针对不同教学对象有所侧重。老师备课一要了解最新的学术动态,二要吸收最新的研究成果,三要及时升级教学版本(教材、PPT 等)。

——大学老师一定要往学者方向迈进,用专业的知识和方法对观点事例进行剖析,引导学生重新审视。如果没有这样的能力,没有自己独到的见解观点,教学内容就会变得"有符号没有思想"。没有科研作基础的教学,难以有好的效果。作为老师,更重要的是怎么把学生的兴趣激发出来,让他们自己去进一步探讨问题。

➤ 现场报道 ［潘怡蒙］

"每个人的心中都有一杆秤,作为老师,我们要做到心有所畏,行有所忌。"10 月 23 日,第六期"师说"主题论坛顺利举行。浙江省第五届师德标兵、经济学院朱柏铭教授与 2017 年新入职的 130 余名青年教师分享了他从教 30 年来的教学理念、育人体会和人生感悟。他说:"教师的职责是用'心'授课,乐在其中。而这里的'心'指的是全身心。"

个子不高,声音不响,却自带着"高能"的朱柏铭教授在近两个小时的论坛上,以"用'心'授课,乐在其中""学者型教师的品行修养"两个主题为线,跟青年教师分享如何成为一名好老师、一名受学生欢迎和喜爱的老师的经验。朱柏铭教授说他上课有一句口头禅,那就是"同学,我对你是认真的"。朱柏铭教授用经济学专业知识来比喻师生关系,他说教师要有"为消费者服务"的理念,平等地对待学生,教学态度肯定就会变得认真,并且还会得到精神上的回报。有激情的老师,教学是不会累的,讲课是很幸福的事。

朱柏铭教授

当谈到师生之间应该保持怎么样的关系时,朱柏铭教授也是倾囊而出。他认为作为一名老师要"端正"与学生之间的关系,一定要有自己的学术见解,引导学生独立思考求甚解。教学要追求深入浅出的风格,营造活跃的课堂气氛,用健全的人格去感染学生。"讲台不是教师展示自己才华的场所，教师的任务是引领学生步入科学的殿堂。理论课不是传授操作技能，也不是传授研究方法，而是培养思辨能力，启发性重于知识性。运用专业知识和方法，对观点、事例进行剖析，引导学生重新审视。"

朱柏铭教授是个很低调的人，很少接受媒体采访。他说："美誉度比知名度更重要。让学生掌握一项本领，能将碎片化的知识串联起来，并灵活运用，这样的学生就可以'出山'了，而这也是我作为老师最大的欣慰之事。"

现场图片1

互动提问环节，现场听众就师生关系中教师的多重身份（引领者、服务者、管理者）与朱柏铭教授展开讨论，青年教师结合自己在教学中遇到的困惑向朱老师请教。外语学院的一位老师就如何上好习题课、处理好与学生的关系提出了自己的疑问;还有老师听说朱柏铭教授经常用邮件与学生互动,有时一个学期下来有几百封邮件,想知道朱老师是如何做到的。朱柏铭教授说,因为我觉得这是一件非常有意义的事情,我会把每一封邮件按时间类别标注好,每次阅读并回复学生邮件,不仅仅是我给学生们答疑解惑,在与学生的互动中我也学到了很多东西,所以也是乐在其中。

　　教师发展委员会副主任王勤教授主持论坛。校工会常务副主席楼成礼、副主席林俐出席了本次论坛。论坛由浙江大学教代会教师发展委员会主办,党委教师工作部和教师教学发展中心协办。

现场图片 2

（摄影:张　莺）

追逐梦想　改变世界

——"师说"论坛青春版专场

他们是浙江大学青年教师的杰出代表，是世界顶级期刊 *Science* 的作者。他们一路奋斗站在了学术的最前沿，他们追逐梦想，希望世界因为梦想而更加美好。"师说"论坛青春版以"追逐梦想，改变世界"为主题，畅谈梦想的魅力、科研的奥妙，探讨"双一流"建设背景下的科学研究。

访谈嘉宾：

邢华斌[①]，男，浙江大学化学工程和生物工程学院教授、博士生导师，浙江大学求是特聘学者，国家杰出青年基金获得者，教育部青年长江学者，中组部"万人计划"青年拔尖人才入选者，获中国新锐科技人物特别贡献奖，浙江省科技进步一等奖等奖励。

余　倩，女，浙江大学材料科学与工程学院研究员、博士生导师，"求是杰出青年学者奖"获得者，作为主要成员获国家自然科学二等奖，"中国百篇最具影响国际学术论文""中国高等学校十大科技进展"入选者。

[①]　邢华斌教授2018年获国家技术发明二等奖（第二完成人），现为浙江大学化学工程与生物技术学院院长。

朱永群①，男，浙江大学生命科学研究院教授、资深研究员、博士生导师，教育部青年长江学者，国家自然科学基金委优秀青年科学基金获得者，中组部"万人计划"青年拔尖人才、浙江省科技创新领军人才入选者。

访谈主持：

梁君英②，女，浙江大学外国语言文化与国际交流学院教授、博士生导师，浙江省高校第八届青年教师教学技能竞赛特等奖获得者。

时　间：

2018 年 4 月 19 日

地　点：

浙江大学紫金港校区西 1—105 教室

访谈实录

梁君英：

各位老师，我亲爱的同事和同学们，大家下午好！今天是"师说"论坛第七期，七在心理学里边一直是一个非常神奇的数字，比如说一个星期有七天，彩虹有七种颜色……我相信今天的访谈也会是一个神奇的旅行。我们以前讨论的都是如何当老师、如何培养学生，但今天的主题，是关乎"梦想"，关乎"成长"，也关乎"改变世界"的主题。

关于梦想，我想先回溯一下。两个月前，MIT 的 Media Lab（媒体实验室）向全世界宣告，将以 MIT 的力量改变世界 72 个领域的知识、

---

① 朱永群教授 2019 年获国家杰出青年科学基金，同年入选浙江大学求是特聘学者，2020 年获中国青年科技奖，现为浙江大学生命科学研究院长聘教授。

② 梁君英教授 2019 年获宝钢优秀教师奖，现为浙江大学女教授联谊会副会长，兼任教育部高等学校大学外语教学指导委员会秘书长。

工程以及方方面面的内容。随之,中文世界推出一篇文章叫《学科和方向在梦想面前一文不值》,说 MIT 将致力于 invent the future of 72 domains(发明 72 个领域的未来)。Invent the future 是发明未来,而不是改变未来。两天前,可能很多老师都看到微信上一篇文章,说的是浙大一位杰出青年才俊加盟了西湖高等研究院,题目就叫《为梦想而来》。

　　现在我就把这个问题抛给我们在座的嘉宾,为什么在今天梦想变得如此重要? MIT 说在梦想面前学科和方向都不值一提,青年教师在加盟浙大或加盟其他学校时会说"为梦想而来"。请问一下三位老师——

从左到右:梁君英教授、邢华斌教授、余倩研究员、朱永群教授

➤ 梦想是一种激情与寄托

邢华斌：

我觉得现在国家也好社会也好，都在发生一些很深刻的变化，比如最近大家关注度很高的那个芯片事件。实际上，很多时候国家有它的边界，技术也有它的边界。社会在快速发展的时候，意味着在做很多的改变，很多以前科幻的东西、梦想的东西在逐渐变成现实，而且这种演变会越来越迅速，越来越融入我们的生活，融入我们技术的发展。这样的话，就迫使我们去追逐这个梦想。

梦想为什么重要？对于我本人而言，因为梦想的另一个词就是有激情，有一种你忍不住的满腔热血，要为之而奋斗的一种激情。这种激情对科研来说，就是能让你从操作层面有点枯燥的活动中往前走，看到更远的、更重要的地方。梦想对于我们来讲的另外一个意义，我觉得它是一个梦，并不是一个现实，它跟我们现实中的知识架构可能是不太吻合的，但正是因为它不太吻合，可能会产生一个新的事实，所以充满了魅力，我是这么理解的。

余　倩：

我也一直在问我自己梦想是什么，想了很久，我觉得我在实验室辅导学生的时候，我没有在梦想；我在食堂吃饭的时候，我没有在梦想；我在菜场买菜的时候也没有在梦想。我什么时候梦想呢？当我一天忙完了所有的事情，改完了学生的论文，在床上看着天花板时，我觉得我在梦想。

所以，梦想是什么？梦想是我们去寻找的那个精神寄托。今天这个时代为什么梦想这么重要，正是因为我们生在一个很好的时代，这个时代给予我们去梦想的能力和机会。所以梦想就是去寻找一种信仰，让我们在生活中找到人生的意义在哪里。可以很具体，每个人具体的方向可能不一样，但是都应该有那么一个方向，这个方向就是你要去梦想的那个地方。

梁君英：

刚才邢老师说时代在召唤梦想，余老师说，我们现在已经到了一个非常美好的时代，而这个时代给梦想提供了机会和很好的机遇。那朱老师您是怎么想的？

朱永群：

说到梦想，我想先谈谈我的梦想是什么，为什么对我很重要。我是一个做生命科学研究的科研工作者，我的梦想是能够成为一个精致卓越的生命科学研究者。所谓精致，就是对一件事要求自己做到极致，就是能够对一个事物深入了解，对自己学科深入了解，并能精准地把握未来的发展方向。就是说我能够在自己领域里做到世界前沿，能够很出色，能够把这个领域带向更高的水平。

为什么梦想很重要？我自己的深刻体会是，你在这几年里的目标，比如想成为什么样的人，那经过几年的奋斗之后，大概八九成能达到这个水平。如果你没有梦想的话，你可能一两成都达不到，甚至完全迷失了方向。所以，对于青年科研工作者来说，梦想是鞭策我们的一个动力，是指引我们往前发展的一个灯塔。

梁君英：

好，非常谢谢朱老师，我觉得三位嘉宾的回答很有层级感。首先是时代召唤梦想，其次是我们所处的社会给梦想提供了一个非常好的土壤和平台。朱老师进一步告诉我们，在这个时代，对青年老师来说，追求一种极致,把一件事情专注地做到最好,可能就是梦想给予我们的力量。

我刚好准备了一张 PPT,和我们刚才的讨论非常吻合。2012 年 11 月 29 日,习近平总书记在参观《复兴之路》展览讲话时,第一次提出了"中国梦"。他说,"每个人都有理想和追求,都有自己的梦想。现在,大家都在讨论中国梦,我以为,实现中华民族伟大复兴,就是中华民族近代以来最伟大的梦想。"在迪斯尼主题公园里一直有一句话叫"If you can dream it,you can do it",特别呼应朱老师的观点,有梦才有可能。我觉得我们讨论的第一个问题,得到了一个非常明确而流畅的一个逻辑。

现场图片 1

➢ 梦想如何照进现实

梁君英：

梦想有了，而且三位老师给我们呈现的就是"梦想照进现实"的杰出代表。所以我特别想给他们一个题目叫"ISCIENCE"，就是爱上科学，抑或说科学爱我。这两个词是并列结构，在英文里叫 pun，双关语。这是三位老师在 *Science* 发表文章时的期刊封面，余倩老师、邢华斌老师、朱永群老师分别在 2015、2016、2017 年作为第一作者或通讯作者，在世界顶级期刊上标注上了我们浙江大学以及他们本人的名字。

我现在想问一个特别务实的问题，就是梦想如何照进现实，你们是怎么把自己的梦想转变成现实的呢？比如说，关于这个领域，关于这个方向，关于怎么把自己文章发表在 *Science* 上。请朱老师先开始吧！

朱永群：

其实，我并不觉得在 **Science** 或者 **Nature** 上发表文章特别了不起。我在 *Science* 上发文章后，在博士生论文答辩的时候，老师们恭喜我，我说这个没什么值得特别恭喜的。因为我觉得今年不发明年发，明年不发后年发，我始终会发（笑声）。我说得特别坦白，为什么这样呢？

因为我觉得我们实验室的科研实力肯定能达到这样的水平，发了这篇以后还会再发。为什么我们做的科研能够发到 *Science*、*Nature* 这样的顶尖杂志上？首先第一条很重要，就是课题方向的把握，方向对你的科研是非常重要的。具体到你的实验室课题也很重要，要做一些非常重要的课题，在你研究的领域里，有哪些是大家不能解决的问题,你要想这个问题。然后,你必须有两把刷子,你的能力要比别人强。要做到这一点,就要认真阅读你研究领域的文献,这是最基本的工作;另外一个你要勤于思考,你要能够认真去想这些东西,有没有巧妙的方法解决它;还有非常重要的一点,会跟人家 communication(交流),就是能够很好地从别人那里摄取知识。因为我们去写文章、发通讯是 output(输出),就是把东西输给别人;我们还需要 input(输入),只有 input 过后你才会变得很强大;然后把各种知识融汇在一起,提出自己更新的一些想法。如何本身有很扎实的科研实力,把很重要的问题 adjust(调整)了,让你的科研工作做得很好,那么自然会得到同领域专家的认可,最后你就能发 *Science* 文章了。当然,更重要的是,如何把你的研究领域往前推动一步。我常思考这个问题,发文章只是工作的一部分,如何能在你的研究领域里做到极致,让别人觉得你就是这个领域的标杆,我的工作将来就得按这个方式来做,这是我们非常需要思考的问题。

所以我有时候经常会在看文献过后再去走路,然后在想问题时也会到实验室里面去走一走,想想我下一步该做些什么。我的实验室很小,只有六七个人,为什么产出率还蛮高,其实我是把每个学生的作用都发挥到了极致。学生的感觉有时候会挺矛盾,一方面讨厌老师给自己这么多事情做,另一方面他(她)又很欣赏老师。当他(她)最后发了很好的文章或者做出很好的工作,获得竺可桢奖学金或者其他奖学金后,他(她)就感觉自己过得很充实,得到了别人的认可,这时就非常感激自己的老师。所以,怎么把实验室的人用好,这是你的另外一个非常重要的技能。一方面你自己要把握研究方向,你做什么,什么是重要的问题。第二,如何去把你实验室的学生训练出来,使其能够有效地去完成你的想法。学生得到训练了,你的课题往前走了,达到世界最前沿的研究水平了,你的东西自然就能发到 *Science* 杂志上去。

回到梦想这个话题,如果你的科研工作往前走了,自己就有很大的收获感、愉悦感,这种愉悦感是没法靠钱来获得的,这是智力上的愉悦感。比如我实验室做出了一个东西(成果),那个东西是别人没有的或根本没有想到、预料到的,而我们把它做出来了。这时精神上的感觉,就是其实我们还蛮聪明的,这个真实的世界其实是这么回事,不是别人以前认为的那样。那么,在知识上你就会有一种获得感。很多人说,做科研有没有无聊感,我们没有,至少我自己没有。因为每次我有新的想法产生,然后把它做出来后,那种感觉非常开心,我的学生也非常开心。学生经常会拿一个图出来看,老师你看我这个图做得非常漂亮。所以老师和学生之间要相互刺激、互相激励。

如何能把你的实验室做得很好?第一,你自己努力;第二,把人用好;第三,你们之间要相互促进,学生会良性循环,你自己也会良性循环,那么这个实验室就会一步一步往上走。我永远不会只做一个 project(课题),用同一个套路做同样事情,不断去发 paper(文章),我会在原来的课题上面再往上再进一步深入。如果再深一步,把研究做得更加深入,然后同行觉得这个人做的工作如此之漂亮,那么你就引领了这个领域。

梁君英:

非常感谢朱老师,朱老师说得很清楚,许多细节都非常生动,对我们来说可能是很大的帮助。总结起来,我觉得特别让人记忆深刻的就是发 CNS 其实只是顺便的事情,我们发了 CNS,但是最重要的是我们推动了学科前沿不断地往前,而在这过程中我们获得了愉悦感和成就

现场图片 2

感,这种感觉推动了整个团队持续、健康、良性地向前发展。朱老师的实验室我去过,这么小的实验室可以做这么好的工作,让人叹为观止。

邢华斌:

关于这个话题我再延续一下。我觉得在 *Science*、*Nature* 上发文章并不特别了不起,但是对于浙江大学来说还是很重要。前些年我们与清华、北大确实有一个数量和质量上的差别,但最近几年我们浙大非常给力,当然这里也有我们化工学院的贡献。今年我们一个老师,她也是唯一的通信作者,在 *Science* 上有一篇有关膜分离的文章,非常精彩。我觉得对于浙江大学来讲,我们还是希望能够在高水平期刊上多发一些文章,对我们学科来说,也是蛮关键的一个事情。对于个人来讲,我觉得发论文在哪里实际上并不是非常关键,就像我们化学、高分子、材料等很多老师，工作实际上完全达到了这样的一个水平，只是可能缺少一个在 *Science*、*Nature* 上发文章的机遇而已。

如果说在 *Science* 上发文有什么感触的话，我觉得可能是我们做的东西跟别人做的方式、方法或者思路上略有不同，另外就是我们在解释数据的时候，面向了一个非常大的问题，可能大家都很感兴趣的问题，去讲这个故事。我觉得还是要感谢浙江大学，我是在浙大拿了博士、博士后、副教授、教授这么上来的，实际上浙大给我们的压力是蛮大的（笑声），因为你要拿优青才能够上教授，当了教授再往上走，学校又会给你很多的压力。我相信他们两位从特聘研究员岗位上来，压力可能会更大。这样的一种压力，可能会使得浙大的年轻老师更加拼搏。而且我觉得有个比较好的现象，不少年轻人"冒"了出来，这个应该是来自于浙江大学比较好的培养体制。

梁君英：

邢老师，除了外在的压力之外，那内在有没有什么因素是非常重要的？

邢华斌：

就是想做一些有影响力的东西，做一些跟别人不一样的东西，形成自己的特色，这可能是往高水平期刊上发表自己研究成果很关键的因素。然后，我觉得就像朱永群说的，在过程中感受到快乐。我有个学生（女孩子）拿了竺可桢奖学金，我看到朱永群也有一个拿竺可桢奖的学生。当时学生拿了竺奖之后，我都不知道。有天下午，研工办的老师来给我们发了一个竺可桢奖学金获得者指导老师的奖，把我高兴坏了（笑）。确实，很多好的工作都是学生一遍一遍大胆尝试出来的，不知道失败了多少次。当时在写这个文章的时候 support information

（支撑材料）也很长，里面的图片就有 100 多个，光画图就花了很长时间。浙大的学生非常出色，有机会去做一些富有挑战的事情，去做一些接近梦想的事情，我觉得非常关键。实际上还是因为有梦想，然后有学生跟你一起去做敢于挑战的事情，我觉得这个很重要。

梁君英：

非常谢谢邢老师，邢老师好像用一个非常正面的路径分析了我们浙大存在的一个现象，就是大家都面临很大的压力，而这种压力是可以转化成一个特别有创造性、创新性的一个原动力。因为我们浙大有这么好的本科生、硕士生和博士生，我们有这么卓越的老师。

接下来我想问一下余老师，余老师有一个很可爱的特点，她给自己的标签是"我是一个很懒的人"。刚才我终于明白了，就是追剧、散步、竺奖指导教师的意外之喜，都会成为推动我们创新的重要路径。余老师与两位老师不同的是，她在硕士毕业的时候就发了一篇 *Nature*，而且是她的母校西安交通大学历史上的第一篇 *Nature*，对不对？

余 倩：

对，应该是西安交大的第一篇。

梁君英：

好，西安交大的卓越毕业生，我们浙江大学卓越的青年教师余倩老师。余老师在 2015 年加盟浙大之后，她又发了一篇 *Science*。我们特别想听听余老师是怎么做到的，让梦想照进现实。

余 倩：

感谢梁老师这么精彩的介绍，我确实是一个很懒的人，我刚才听了朱老师和邢老师的介绍，觉得有点无地自容。朱老师散步去实验室，我散步是去植物园，肯定不可能去实验室散步。我有很多的兴趣爱好，比如追剧，还喜欢小清新、假装文艺之类的东西，毕竟是女生，可能分散学术注意力的东西要多一些，我只能这样给自己一个合理的借口。

刚才听了两位的介绍，我跟他们的想法真的还不一样，我对发 *Nature* 和 *Science* 有一种非常原始的向往（笑声）。为什么这么说？我在刚进入研究领域，也就是说刚当上硕士研究生的时候，我觉得自己入错了行。我在西安交大保研的时候，进了金属材料强度国家重点实验室，大家听名字就知道非常的霸气。什么是金属强度，撞不烂撞了不碎就是强度，一听都是汉子干的事（笑）。那个时候我保研了特别高兴，给我妈打电话，我妈说问保送的是什么专业，我告诉她金属材料强度。我妈一听就特别忐忑，说以后你在实验过程中有什么搬不动的东西，就让师兄帮你的忙。所以我就知道我一定是入错了行。

进去之后发现，其实它是一个特别传统的领域，就是说金属材料强度这个东西研究了几百年了，不知道有什么好做的。刚才朱老师特别豪气，说今年不发 *Science* 明年发，明年不发后年发，总有时间发。我想，我一辈子说不出来这样的话。因为我每次投稿的时候，但凡我觉得特别优秀的工作，我一定要先去投 *Science* 或者 *Nature*，然后我的合作者（一般会有一些老人家）就会写信跟我说，你这个工作做得非常漂亮，但是我要提醒你，这个审稿周期可能会很长，并且 *Science* 和 *Nature* 每年在金属方面发的文章不会超过一篇。他们这样提醒我，意思就是说这是非常难的事。在我们这个非常传统的金属材料强度领域，就是力学性能领域是一个很难的事儿。但是，我就觉得我在这个领域还能做出那么一点点让别人看得上眼的工作，是因为我把它当作一件艺术品来做。就是这里面的问题，有的已经非常微小了，因为经过那么多年研究之后，没有什么大问题是别人还没有解决的然后碰巧让你解决上了，力学的三大定律，牛顿都已经想出来了。

所以我们只能做这些领域里头存在的问题，把它当做艺术品来做，做出来以后，别人觉得还真是这么个道理。达到这样的效果，在我们这个领域就算是突破。对学生的要求也是每一幅图都要做得完美，一定要发出去别人看了有艺术感、有美感，看上去要觉得很漂亮才可以，这是我个人的小癖好，然后也这么要求学生。

那么为什么说我对发 *Science* 和 *Nature* 有一种发自内心的渴望，并不是说我的每篇文章都要发到 *Science* 或者 *Nature* 才高兴，我自己觉得很不错的那些工作，花了很大精力的我才去投，投了之后哪怕它不录用我的文章，但是我看他的评审意见，也会很高兴。今年我其实觉得特别高兴，我没有像两位老师一样发 *Science*，但是我投过。投了之后，审稿意见会告诉我说，你的工作做得非常非常漂亮，可以说你们组的工作是这个领域世界上的 Number one，或者是非常 top 的工作，但是不好意思，我们的收稿率有限，所以我不能收你的文章。文章没有发，但是我很开心。因为那是国际同行，特别是**Science** 和**Nature** 的审稿人，一般都是国际上很资深的科学家，他们对我工作的评价，我觉得是最重要的，他们觉得你的工作确实做得非常漂亮，这是一种认可。特别是我从国外回到浙江大学后做的这些工作，他们会觉得一个新的 group 在浙大落成了，对我们的工作很认可，认为是世界上这个领域最好的组。即便没有录取我的文章，我也会觉得是我们工作的一个动力，就是我们梦想的一个方向。

所以我很热衷于干这件事，就是做很漂亮的工作，我一定要去试，试了之后看到同行的评价我就会觉得很爽，觉得是对自我的一种认

现场图片 3

可。发 *Science* 和 *Nature* 这件事情，就像我刚才说的非常少，运气的成分比较大。而且他们是有爱好的，向 *Science* 或者 *Nature* 投稿，文章一定要有别人想不到的东西。当然 *Science* 和 *Nature* 对学术工作的要求是有一个 level 的。如果你觉得你的工作到了那个程度，可以去试，发不发是运气的问题。当然，发了以后会很爽，梦想实现了，每个人都来恭喜你发 *Science*。

其实，我们在做这些事情的时候并没有想它会发 *Science*，我从做科研到现在吧，特别是第一次发 *Nature* 的时候，是很懵的。我那个时候觉得发 *Acta* 是一件无上荣光的事情，因为在我们领域 *Acta* 是百年老期刊，它的影响因子现在可能有四点几，但是发 *Acta* 真的是我们做金属人的骄傲，就是你要有很系统很深入的工作才可以发的。那个时候我觉得如果我能硕士毕业的时候发一篇 *Acta*，这样我在国外留学的时候就会有很小一点的压力，但是没有想到后来发了 *Nature*，这个是我没有想到的，应该也是我之前的导师没有想到的。可以说，我当时连梦想都没有梦到的一件事情，就是撞大运这样撞到的。当时我的梦想就是去做一件比较出色的工作，然后我去奋斗实现这个梦想，最后奋斗到哪里，它的结果是什么，并没有太多去考虑。所以，我觉得刚才朱老师说的也非常正确，就是发 **Science** 和 **Nature** 是一种结果，不是一种梦想。

梁君英：

刚开始时余老师说，我对发 CNS 的渴望是发自灵魂深处的（笑），但其实余老师知道只要把学术做到很漂亮，发 CNS 就是一种结果。或者像朱老师所说，把学术的前沿往前推，把人类文明往前再推一下，才是我们作为一个学者最真正需要追求的。

朱永群：

那其实就是一种自信，学者的自信。

梁君英：

这是一个非常重要的品质，因为我们已经在自己的科学领域非常努力了，所以自信是一个油然而起的特征，对不对？因为我们有理由相信，只要我们非常努力，加上前期积累，以及浙大这么好的平台，肯定有一天，可以将自己的学术成果、名字以及"浙江大学"这四个字标注在世界顶级期刊上。

我第一次听余老师讲故事是女教授联谊会组织的"青年女科学家与求是学子面对面"，我当时对她的印象特别深，因为她好像不是我们"想象"中过得很辛苦的女科学家。美丽，时尚元素也很多，而且爱追剧,还有一些娱乐精神,但可以把科研做得这么好,是不是很励志? 我们努力一下说不定也可以。当然,刚才几位老师都提到,要把每一个细节,每张图做到像艺术品一样的这个 level。

➤ 在困难与挫折面前如何坚守

梁君英:

好,刚才几位老师给我们呈现的都是成功的例子,现在我想替青年老师和学生们问一个问题:在这个梦想照进现实的过程中,你们有没有过不太成功或者遇到挫折但依然坚守的时候? 就是在这个过程中,有没有什么事情是你真的很想做,最后没有做出来或做出来意义并不大,但是依然不会影响你们对学术的坚守。

邢华斌:

我可以来回应一下。我的很多学生可能知道,我并不是做基础研究的,实际上我们在化学工程领域,一直是在做产业应用的。我们在做药物的分离,我们有一些项目在企业里运作。我们做的很多科研工作,实际上也是一个由应用而产生的工作。在这个里面,实际上一开始可能你的论文不是很好做,也不容易发表;然后你的方向也并不是很前沿,可能也达不到梦想这个高度。但是我想这并不重要,重要的是我们在扎扎实实地解决一些问题。而这个问题可能现在"梦想"比较小一点,但是你做了之后,就可以再进一步,然后换一个新的方向去做,或者在原有方向基础上再往前走。

所以说,我觉得刚才梁老师说的那个挫折,我们并没有。在我的研究过程中,并没有把在顶级刊物上发表文章当作非要完成的目标,或者说我非得要去 push 出一些好的文章来。因为我本身是做工程应用的,当有一个机会在前面的时候,我还是很赞同余老师的想法,就是敢想敢做去做就是了。这是我自己的一点体会。

余　倩:

这个问题我觉得我还挺有发言权的,因为我经受的挫折很多。我从小就不是学习成绩特别好的孩子,所以经常被父母批评、老师告状,这些也算是我成长道路上的挫折。我经历最大的挫折是我在高中的时候,除了高一,高二和高三我没听过一节课,全靠着内心的那一个底线在坚持。因为当时有点处于叛逆期,我个性挺强,不太认可我的班主任,他对我的影响很大,导致我整个高中三年非常厌学。我是重庆人,我上的是重庆最好的中学巴蜀中学,管得非常严,很苦,然后觉得老师对我特别不好。心理上有怨气,不愿意学习,但是我有一个底线就是我不能落后。后来考上西安交大基本靠自学,我是数学课做语文作业,语文课做英语作业,英语课做化学作业,就是不好好听课。我觉得对中学生来说,可能会面临这样的问题,就是有一点叛逆,当现实和梦想不相符合的时候,会有一些不适当的应对。好在那个时候,我有一点坚持住了,就是我不能落后。后来上了大学也爱玩,但就是不能落后,否则我会被淘汰,但我不想那样。

上了研究生之后,我也没有梦想去发 *Nature* 或 *Science*,我的梦想就是 *Acta*。真的是 *Acta*,因为那个时候的科研水平和现在的科研水平真的完全不同。西安交大的国家重点实验室,那时候发一篇 APL 是一件很了不起的事情。为了这个梦想,我就去做。

我们做的那个课题是一个非常前沿的课题,但是我们连设备也没有。材料有,设备没有,人没有,经验没有,什么都没有,然后还是一个很大的课题。我是硕士生,开始时有好多博士生带着我们做实验,但慢慢发现师兄越来越少,过几天走一个,后来就剩我一个人孤零零地坐在那里。然后我们老师过来跟我说,那些博士师兄都换课题了。因为博士生不可能这样耗下去,一个课题做不下去,他文章就很难发。我们没有任何设备,如果要做必须去外面,到重庆大学、南京大学到处去做实验,看不到什么希望。但作为一个硕士生我非常乐观,这是我的一个优点。反正硕士没要求发文章,他们留下来的材料还要做什么实验,我就去做。然后我做得蛮认真的,我这个人有个特点,就是如果做不好,我一定要再去做。我们做金属材料的要磨金相样品,把一个金属块粘到一个块上,然后一个旋转的盘上面有绒布,把样品放上去抛光。因为下面那个抛光机是转的,样品很容易飞出去,然后每飞出去一次我就要重新再来一次。我也没有太大的压力,反正师兄都走了,剩下的东西我做,就是那样。就这么做着,好像还有了一点感觉,后来有个前辈说你这工作做得不错嘛。其实,在这之前我就是觉得一个研究生应该这样,磨样品,做实验。但是做着做着,梦想就实现了。

这个过程很乏味,没有什么"灵光一闪"的时候,不像小说或科学家传记写的那样。就是我们做着平凡的事,突然有一天别人认可了你,说这个工作很好。然后我自己才有这个信心,觉得好像是还可以。所以我这个人的抗挫折能力比较强,就是因为我从来没有把成功看得那么重要。

梁君英:

非常谢谢余老师!我今天是第二次听余老师讲"how to fail(如何面对失败)""how to succeed(如何成功)"。其实,我们很多时候都会讲"how to succeed(如何成功)",但是我们很少有这种教育,就是"how to continue in face of failure(如何面对失败依然继续努力)",我觉得后者可能对我们在座很多同学和老师是更有启发意义的。就是说，为什么她能坚守？

我为大家准备了一张 PPT，这位叫 Linus Pauling，他是专门研究化学链的科学家。曾经两度获得诺贝尔奖，一次是科学奖，一次是和平奖，他说过"Satisfaction of one's curiosity is one of the greatest sources of happiness of life（一个人满足自己的好奇心，是幸福生活的源泉）"。

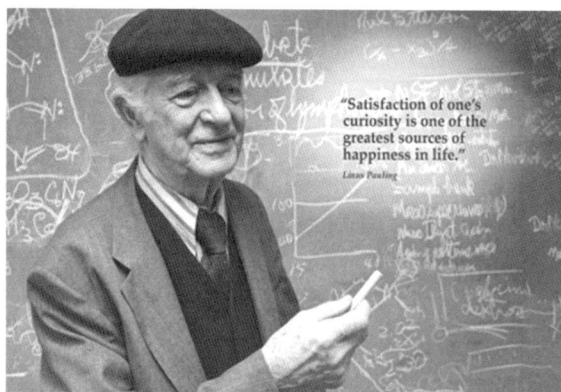

Satisfaction of one's curiosity is one of the greatest sources of happiness of life.

--Linus Pauling

刚才余老师用轻松的语气陈述了面对困难和挫折，但是我坐在她身边，还是能看到她有动情的瞬间。其实，人生面对困难的时候为什么能坚守下来，我觉得可能是你对这件事情本身抱有某种好奇心，刚开始也许并不是很明显，但是做着做着，这个好奇心已经跟 CNS 没有关系了,跟能不能毕业没有关系了,剩下的就是一个信念:我一定要把这件事情做出来。所以 curiosity(好奇心)一定是一个很重要的品质。

➢ 我们如何改变世界

从左到右:梁君英教授、邢华斌教授、余倩研究员、朱永群教授

梁君英:

非常谢谢刚才两位老师!现在我想请问朱老师。这是朱老师的实验室主页,非常详尽,而且图文并茂。最重要的是朱老师这句话特别吸引我,他的实验室名字叫 Zhu Lab,接着就是"欢迎加入朱永群实验室,成就梦想,造福世界",这是他的实验室 slogan(口号)。

我为什么要强调这句口号呢?大家知道,我们的老校长竺可桢先生早就告诉我们:"大学教育的目标,决不仅是造就多少专家如工程师医生之类,而在乎养成公忠坚毅,能担当大任,主持风尚,转移国运的领导人才。"我们的吴朝晖校长也一直强调,个人价值的实现要与国家民族复兴紧密联系在一起,与人类的共同命运紧密联系在一起。这个愿景跟西方著名大学是相通的。比如说 MIT,在校网主页上提出它的使命就是要 best serve the nation and the world(更好地服务国家与全世界),哈佛也是这样说,with a pervasive commitment to serve the nation and the world(全心全意服务国家与整个世界)。

好,接下来就是我的问题,从朱老师开始。无论是浙大,还是哈佛,都在说要"服务国家与世界",但是我们今天讨论的是 change the world,改变世界。所以,我特别想知道,你们的科研是怎样改变了世界,抑或说我们在学术生涯中是如何改变世界的。

朱永群:

哈,我以为要先讲挫折感的(笑)。我是做生命科学研究的,大家可能不太了解,肿瘤患者五年生存期,美国百分之七十的患者能达到,中国只有百分之二三十。传染病疫苗,现在美国用的都是多糖疫苗,比如肺炎的这种疫苗都是多糖类,它没有活菌。中国现在用的都是灭活的,灭活菌或者弱毒株做的疫苗。就是说当下的现实是我们跟国外的差距还是很大。其实很多时候是因为我们这个社会的浮躁,有的医药公司为了追求利润,不想进一步去改善它的制剂,导致了这个技术没有再往前面走一步。那么,作为一个科研工作者来说,我想我们最重要的是"改变世界",就是我们要把这个事情做得更好,让包括公司、社会都认识到,我们用学校实验室研制出来的东西,会有利于我们生活和健康的方方面面。

再具体到我自己实验室来说,我是做这个肠道细菌和宿主相互作用研究的,那么这里面就有以前没有发现的一些分子机制,甚至一些特殊的酶类。比如说最近基因组编辑这个工具"炒"得很火,可以用来编辑人的基因组,有些遗传性疾病就可以控制,下一代就是健康的人。其实它最简单最原始的发现就是来自于细菌里面的一个酶被改造过来。我们做的这个肠道细菌和宿主相互作用过程中,它也有很多分泌的蛋白,这些蛋白其实它发挥了作用,有了数据,那么我们就可以把它改造成一个很好的工具,就有很好的应用价值。

所以,作为科研工作者改变世界有两个方式,一个是我发现了新的知识,更新了你的观念,这个是很重要的。科学并不是说所有的基础科研都能够应用,90%以上的科研可能不能够被应用,它是一种知识,或许多少年后会被应用。知识对我们来说,就是满足了我们的好奇心,是在精神文明上的一种提升。另外一个就是实际的应用,就是说我们能不能在自己的科研过程中有新的发现,而这个发现能应用到我们实际生活当中。

我们要去改变世界,对于我实验室来说,我现在是三个方向:第一,病原菌怎么改变人的信号通路? 第二,益生菌如何去改变人的信号通路? 第三,这两者之间的相互作用以及应用是怎么回事? 我希望,我们研究的东西除了满足人的好奇心、增加知识点,更好地了解世界以外,还能够产出一些产品或者检测的手段,能够帮助人克服日常生活中一些感染性疾病,或者说用到其他一些健康产品上面。

梁君英:

非常谢谢,我觉得朱老师一开始就把"改变世界"这四个字诠释得特别好。我在学生当中做小调研的时候,他们往往会说:"哇,改变世界,听起来好恢宏,让我们好忐忑,作为浙大的学生要去改变世界!?"但是现在朱老师很清晰地告诉我们"改变世界"的两个途径:第一就是发现新的知识,更新我们对这个世界的认知;第二就是创新实际的应用,在应用当中让世界变得更加美好。好,下面请邢老师。

邢华斌：

说到"改变世界"，我觉得我们还是可以有这个豪言壮语的，我们做的每个东西确实都是为了这个世界能够变得更加美好。我们是做工程学科的，和应用联系很紧密。我们做的实际上是一个"分离"的工作，比如说一个气体通过分离把它做得很纯。这个工作很重要，因为人类 15％的能源消耗是用在气体分离过程的，它消耗了接近工业能耗的 50％。大家知道，国际上很多战争是因为能源的短缺、能源的争夺产生的，如果你能够使得 **15％** 的能源消耗，**50％** 的工业能源消耗有一个大幅的降低，显然是可以来改变很多事情的。我们做的这个研究工作，就是有希望能够把以前一种非常耗能的技术，将它的能耗降低到原有的 50％，不是原有的 20％到 30％这个水平啊。这样的话，你就可以使得很多过程变得更加清洁，你可以减少更多的能源消耗，也就不会有很多雾霾。这就是我们工作的一个初心，也确实吸引了一些业内的关注。

我的学生都知道，我现在很热衷于跟企业洽谈，确实也有很多企业像中石油、埃克森、美孚都来跟我们洽谈，希望能够把我们的技术用于他们的生产。确实，这个技术革新如果可以实现的话，显然会对他们整个生产模式有一个很大的改变，从而对整个能量消耗控制水平会有一个很大提高。当然这个路非常远，但是我觉得我们在做研究的时候，是能够看到也应该能够看到这个未来。作为浙江大学的科研工作者，包括我们的学生，如果还看不到这个改变，那其他一些科研工作者可能更看不到。这是我对"改变世界"的看法，就是说我们做的事情可能很小，但是也可能在很多时候它能够放大，能够改变世界。

而且我觉得"改变"是件很重要的事，可能不仅是改变世界，最重要的是改变咱们国内很多生产技术和生产水平。有人说科学是没有国界的,但是事实上科学家或者说科技工作者他是有国籍的,因为很多先进技术你要买也是买不来的。我们必须有一些先进技术去革新这个社会,去提高我们国家的竞争力,从而在未来的生活中我们能够生活得更加美好,这也是"改变世界"的方法。如果我们把中国变成了一个更加繁荣富强的国家,这就是中国人改变世界的一个状态。

梁君英:

非常谢谢,邢老师是化工学院的副院长,果然情怀不一样,他把所做的科研工作与国计民生、国家的整体发展联系起来了。邢老师刚才提到一句话,科学是没有国界的,但是科学家是有国籍的。其实余老师以前也讲过,科学是没有国界的,但是工程是有国界的。余老师,您是怎么看待"改变世界"这个话题?

余　倩:

刚才邢老师提到,有时候我们做的事情很小,但是它有可能改变的事情很大、很多。这个我很喜欢,也可以说是我们研究领域的一种蝴蝶效应。比如说,我 2015 年的工作,做的就是这样一个小事情,研究传统的钛合金里头的那些氧。氧在钛合金里头是不可避免的,千百年来它就存在,并且对钛合金的性能有很大影响,但是我们一直不知道它是怎么去影响的,因为它很小很少。如果我们能很好地利用这个氧,也许我们就可以改变这个材料的性能,材料性能的改变一定会改变我们的产品,从而会改变我们的生活。所以,我们确实在做一些很基础的研究工作,但是可能会真的改变了世界,这个是我从很直观的方面去理解的。

还有一个改变世界的途径,我觉得就是通过改变我们身边的人,从而影响更多的人去改变世界。比如说,实验室的学生,每个研究生在组里会有三年五年的时间,如果用心的话是可以去影响他们的。各个方面,比如工作的态度、做事的方法、交流的能力等等。除了学习,我还会关心我的学生有没有交女朋友或男朋友,从情感上、技术上、工作能力、生活方式等方面去影响这些学生。这会对他们的生活、家庭有很大的影响,对他们的未来人生之路产生影响。

梁君英:

非常谢谢余老师!如果把三位老师对于"改变世界"的理解进行一个总结,脉络是非常清晰的。第一个层面是从理论研究的层面来讲,因为我们任何一个理论研究的创新,不仅会丰富知识体系,也一定会影响应用,从而影响到人类的生活。这是第一个层面。

第二个层面就是刚才所说的,科学是没有国界的,但是工程是有国界的。科技创新可以更好地改变我们的国家,或者说先服务国家再改变国家,然后让国家变得越来越好。这是第二个层面。

第三个层面我觉得也非常清楚,就是可以通过改变人,从而改变世界。关于人,应该有三个交互,人和人的交互、人和社会的交互、人和自己的交互,如果说理论创新改变世界是人和社会的交互,影响人应该就是人和人的交互,而且在这个过程中,应该也是一个升华自己甚至是改变自己的过程,对不对?所以从这三个层面上来说,我们发现"改变世界"就变得非常具体生动,而且很具操作性。

我非常喜欢这张图,科学让世界更美好,change the wolrd 下面有一行小字:It's easier than you think。就是说,"改变世界",它其实比我们想象得要更简单、更容易。只要我们努力,只要我们对自己充满信心,以浙江大学这么卓越的学生群体,以我们拥有的浙大这么好的学科平台,以及我们处于这么好的时代,我觉得"改变世界"它一定是正在发生,而且会不断地变得更好。这应该也是我们今天可以达成的一种共识。

ISCIENCE
科学让世界更美好

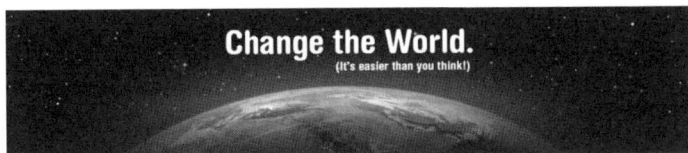

Change the World.
(It's easier than you think!)

> **➤ 一句话总结**

梁君英:

非常感谢三位老师的精彩呈现和大家的热情参与,今天是一个非常难得的学习机会,下面想请三位老师以一句话来结束今天的这个访谈。

邢华斌:

走不一样的路,去看不一样的风景。

余倩:

让青春不负梦想,让梦想打动人心。

朱永群:

努力成为一个精致卓越的科研工作者,造福于人类健康。

➢ 编辑手记 ［王勤］

这是一场关乎"梦想""成长"的讨论，比以往主题都更加激动人心、精彩纷呈。互动环节，在场青年教师、研究生就"怎么选择研究方向""如何平衡事业与家庭""如何找到奋斗目标"等问题与嘉宾们进行了热烈讨论。

朱永群老师对"怎么选择研究方向"作了详尽解答。对于研究生来说，选择一个研究方向，要能做 5 到 10 年或 20 年，最短的是 5 年，最好是 10 年以上。从长远发展来看，研究方向要与将来的事业联系起来，博士毕业以后，无论去高校做教授还是去公司做研发，所选择的领域都应该是有发展前途的，可以继续研究下去的。同时，朱老师认为，研究的方向还应该足够新颖，是自己感兴趣的，并且有利于发表文章。因为目前的评价体系，还是以做出了什么样的科研成果，发表了什么样的论文作为评审标准的。

"作为青年教师，怎么来安排自己的时间，特别是如何来平衡工作和家庭？"在场一位青年女教师的提问再次聚焦"事业与家庭"这个话题。"在面临重要任务或关键时间节点时，需要短期有一个很强的爆发力。""我们的学生确实不错，可以把许多科研的想法或者科研的难度要求安排给学生去做。""我自己在实验室时间呆的比较长，家里的事基本上交给爱人了。"邢华斌老师如是说。

作为新晋妈妈，事业家庭"双肩挑"的余倩老师显然在这个话题上有更多体会。"女性承担更多的家庭责任，是一种社会现实，也是中国社会的传统。"余老师平衡事业与家庭的"小技巧"，就是增加家庭生活中的"仪式感"，通过情感交流让爱人主动分担家务劳动。

朱永群老师在家里承担着两个孩子的接送任务，工作再忙，他都要抽出时间陪孩子玩，讲故事、一起读书。他说，父亲和母亲对孩子成长来说都很重要，养育孩子不仅仅是妈妈的事情。"每天从实验室回家，孩子扑进爸爸怀抱的感觉非常美妙，比我做科研时幸福感要好很多。""女生一定要有自己的事业，让爱人一起分担家庭责任。孩子的成长会带来许多快乐，他也会 enjoy 这个过程，非常乐意去做。"

"听了三位老师的分享非常有感触，发现有梦想的人，都是目光坚定，对自己做的事情热爱其中，充满幸福感的人。"现场一位青年教师的感慨说出了大家的心声。

一群自信卓越的青年，成就一所自信卓越的大学。我们的目标是星辰大海。

现场图片 4

（摄影：张　莺）

学习、教学、科研与生活的平衡

——徐志康教授与青年教师"面对面"

加快建设高素质教师队伍是高水平大学义不容辞的责任和使命，青年教师如何尽快完成角色转变，在立德树人、投身学校"双一流"建设的过程中，处理好学习、教学、科研与生活的关系，早日成为"信念坚定、师德高尚、业务精良"的优秀教师？作为新教师始业教育的内容之一，本期"师说"论坛为新进教师"量身定制"。

主讲嘉宾：

徐志康，男，浙江大学求是特聘学者，高分子系教授、博士生导师。现任浙江大学工学部副主任、教代会教师发展委员会主任、浙江省吸附分离材料与应用技术重点实验室主任，兼任国际著名期刊 *Journal of Membrane Science* 编委等。国家杰出青年基金获得者，全国优秀科技工作者。

时间：

2018 年 9 月 19 日

地点：

浙江大学紫金港校区校友楼紫金港厅

➤ **现场报道** ［林文飞、苏文］

9月19日下午,校友楼紫金港厅济济一堂,教代会教师发展委员会精心打造的品牌活动——"师说"论坛第八期正在举行。本期"师说"论坛邀请浙江大学求是特聘教授、教代会教师发展委员会主任徐志康老师主讲。徐老师从自身的成长经历与从教生涯出发,就教学科研生活及其平衡、科研方向的规划与长期坚持、科研团队的建设与日常管理等方面,与130余名2018年新入职的青年教师分享了自己的人生感悟与切身体会。

徐志康教授

人生就像一个圆,需要保持整个圆形的相对平衡稳定

浙江大学正在"双一流"建设的征程上高歌猛进,一流意识、一流目标、一流标准贯彻于学校的方方面面。每一位青年教师在为学校发展备感骄傲的同时,也无一例外地面临着种种压力。

"作为一位高校老师,人生就像一个圆,学习、教学、科研、生活、个人爱好等就是一条条直径,在不同的阶段可以适当拉长其中的一条,从而变成椭圆形,但是不能无限制拉长,最终还是需要保持整个圆形的相对平衡稳定。"

青年老师应该丰富自己的生活,善于调节身心,阅读、锻炼均不可少。"哲学给人以理性与逻辑,诗词体现了表达与浪漫,武侠则带来豪情与休闲。"徐老师如是说。

"七气"是高校教师的基本要求

在谈到高校教师的基本要求时,徐志康教授以"七气"加以概括,即正气、大气、骨气、锐气、书卷气、和气和才气。

"正气"就是要做到"学高为师,身正为范",教师必须是善良之人,一个能够将伟大、高尚的思想灌输到学生心灵中去的人;"大气"就是要有"为天地立心,为生民立命,为往圣继绝学,为万世开太平"的志向

现场图片 1

与追求;"骨气"则是要时刻记住"大学不是贩卖毕业证的机关,也不是灌输固定知识的机关,而是研究学理的机关";保持"锐气",就是虽然"筚路蓝缕,荆棘丛生",但依然追求"与时俱进,求变求新";"书卷气",也就是"腹有诗书气自华","和气"则要做到"礼之用,和为贵";"才气"要求教师除了自身专业知识之外,还需要有吸引学生的特长。

教学是老师的本职工作,教学与科研相辅相成、互相促进

徐志康教授认为,作为大学教师,教学是必须要做好的本职工作。一个好老师,要对得起自己的良心,能够让学生敬佩,让学校自豪。徐老师还和大家分享了新时代全国高等学校本科教育工作会议精神,特别是要推进"四个回归":一是回归常识,学生要刻苦读书,求真学问、练真本领;二是要回归本分,教师要热爱教学、倾心教学、研究教学,潜心教书育人;三是要回归初心,高等学校要倾心培育建设者和接班人;四是要回归梦想,倾力实现教育报国、教育强国梦。

在谈到教学与科研的关系时,徐老师认为,"教学好"和"科研好"表面上貌似冲突,但其实是相辅相成、相互促进的。科研中的思维、逻辑、成果都可以渗透到教学实践;同时,教学过程能发现许多问题,可以成为科研课题并取得成果。作为研究型大学的老师,要兼顾教学和科研,不能过偏一个方面。

科研方向规划与团队建设

徐志康教授认为,科研方向的规划与长期坚持十分重要,他结合自己的科研经历给青年教师提出建议。科研除了要面向国家重大需求以外,很重要的是善于发现自己的兴趣和特长,不能盲目"跟风",一味追求"热点",而要深耕一块属于自己的"自留地",拥有自己的一项"独门武功"。一旦方向确定,就要持之以恒,进而赢得同行认可。

在科研团队的建设与日常管理方面,徐志康教授分享了许多成功经验,深入分析了好导师的特点,并指出科研团队应该努力培养成员良好的适应性、扎实的基本功、灵巧的技能、强烈的责任心、高度的专注性、敏锐的洞察力和丰富的想象力。

最后,徐志康教授用"苯"的化学式"C_6H_6"来总结一个优秀科研团队的组成元素,即"聪明的头脑"(Clear Head)、"良好的习惯"(Clean Habit)、"快乐的健康"(Cheerful Health)、"持续的努力"(Constant Hardworking)、"灵巧的双手"(Cleave Hand)、"多彩的成果"(Colorful Harvest)。徐老师的讲述风趣幽默,现场掌声、笑声不断,青年教师在轻松愉快的气氛中收获良多。

现场图片 2

现场图片 3

（摄影：张　鸯）

坚守与选择

——做新时代的"好教师""好学者"

　　"一个人遇到好老师是人生的幸运，一个学校拥有好老师是学校的光荣，一个民族源源不断涌现出一批又一批好老师则是民族的希望。"对于青年教师而言，从学习者转变为教育者，身份角色转变的过程充满了疑惑与挑战；如何成为新时代的"好教师""好学者"，这背后又需要哪些坚守与选择？

　　主讲嘉宾：

　　魏江①，男，浙江大学管理学院教授、院长，浙江大学全球浙商研究院院长、创新创业学院副院长。教育部"长江学者奖励计划"青年学者，国务院特殊津贴获得者，入选"教育部新世纪优秀人才计划"，兼任国务院学位委员会工商管理学科评议组成员。曾获浙江省"师德标兵"、浙江省"三育人"先进个人、浙江大学"三育人"标兵等荣誉，浙江大学青年教授联谊会常务副会长。

　　时间：

　　2019 年 9 月 25 日

　　地点：

---

　　①　魏江 2019 年入选教育部"长江学者奖励计划"特聘教授。

浙江大学紫金港校区校友楼紫金港厅

➤ 观点摘录

——我1993年进校,是浙大自己培养的博士,博士毕业时曾想去企业,在座青年教师的一些焦虑与担心,我都曾经历过,成长也是蛮艰难的。但20多年一路走来,觉得生活越来越幸福,越来越有成就感。这个"成就"不是因为写了多少个paper(文章),也不是因为拿了多少个奖励,而是在于找到了人活着的意义。

——我们管理学院有个"三好"文化,"三好"就是"好老师、好学者、好员工",我们每年评选"三好"老师。"好老师"育人为本,"以应有之责任心上好每一堂课",培养国际一流的本科生、国内前列的研究生、领袖型的社会精英;"好学者"科研为基,"培养一流人才是做负责任研究的首要成果",做中国气派、浙大学派、国际一流的研究;"好员工"服务为要,师生为本为导向,"做好高质量的服务"。

——浙大的本科生源是一流的,经过四年的培养,最后输出的"产品"也应该是优秀的。一个不能培养出一流本科生的学校,是不能称其为世界一流大学的。所以,要让最好的老师给本科生上课,这是学校立德树人办学之根本。好老师要启迪人的智慧,好老师以育人为本。

——竺可桢校长曾经说过:"大学教育的目标,决不仅是造就多少专家如工程师医生之类,而尤在乎养成公忠坚毅,能担当大任,主持风尚,转移国运的领导人才。"我们经常教育学生要为国家服务,首先教师要有情怀和责任感。如果老师是精致的利己主义者,绝不可能培养出公忠坚毅、能担当大任的领导者。

➤ **现场报道** ［许诺晗］

9 月 26 日下午，教代会教师发展委员会特邀管理学院魏江教授做客"师说"论坛，与青年教师分享在浙大 20 年的从教生涯，以及"痛并快乐着"的心路历程、成长经验和人生感悟，共同探讨如何成为新时代的"好教师""好学者"。

魏江教授

守住初心

魏江教授以 4 个问题切入自己的分享：我们面对的学生是谁？我们是谁？需要什么样的人？我们怎么做？这 4 个问题背后的答案呼之欲出，即是大学的初心与本质——立德树人。在魏江教授看来，作为浙江大学的教师，我们应该自豪且充满自信，因为我们面对的是最优秀的学生，他们勤于思考、不畏难题。在这样的教与授互动关系中，青年教师能够收获的不仅仅是学生培养,还有自身的发展。"青年教授要努力做让自己对得起良心的教书匠,要从学生的爱戴中享受职业崇高性,教授的最大功能是培养高素质的学生。"

除了要守住教师的初心之外,魏江教授还提到了自己作为农门子弟的朴素初心。他始终相信比结果更为重要的是态度与品质,也因此他一直心存感恩,感恩每一个提供帮助之人,感恩时代,感恩国家。

公忠坚毅担大任的责任与情怀

"大学教育的目标,决不仅仅是造就多少专家如工程师医生之类,而尤在乎养成公忠坚毅,能担当大任,主持风尚,转移国运的领导人才。"魏江教授以竺可桢老校长的一番话激励在场的青年教师。这个时代的青年教师面对的不仅仅是今天的困难,更有明天的挑战。知

现场图片 1

识、技术快速革新,人工智能时代到来,专业的教授倘若沦为技能、知识的传授已然不足,青年教师要有更加宽广、宏大的视野,要有改变中国、改变世界的格局,时代需要能为国家、为社会做有价值之事的栋梁之才。因此也唯有这样的责任与情怀,才能培养出"主持风尚、转移国运的领导人才""领袖型的社会精英"。

加减法的选择

一个人的精力是有限,这就意味着对自己的精力付出有所选择,对自己的生活做加减法。对于魏江教授而言,他日常生活的加法是"思政党课、班主任、新生之友、党支部书记、本科生导师……",减法是"企业讲课、专家评审、课题申请、EMBA讲课、企业顾问、独立董事、吃饭娱乐……"魏江教授幽默地说,"我的减法减去的都是挣钱的事。"加减法的背后是魏江教授对好教师、好学者的定义,他始终认为对于一个好学者而言,"培养一流人才是做负责研究的首要成果",对于一个好教师而言,"以我们应有的责任心上好每一堂课。"

西西弗斯式的坚持

从教 20 年每年 42 次每周一不间断的组会,22 年坚持每年给本科生上课,18 年每年 1 次团队内部批评与自我批评和 1 次团队活动,10 年每年教师节和年夜饭与学生的聚餐,80% 的学生受到资助出国深造,2 位学生破格晋升教授、10 位学生成为副教授……这些数字背后是魏江教授的坚持。魏江教授提到,从事研究工作 20 多年来,他一直都在研究"创新创业"一件事,他认为做科研要有肯攀登的勇气与毅力,对于认真考虑后选择的研究课题要有做出成果的信心与勇气。同时,魏江教授也提到在拼搏的过程中,有困难、有挫折,心情自然也会有高有低、有起有伏,要找到自己的方式调整心态,他的调整方式便是写诗。每当有感于怀,他便提笔作诗,如今也已攒下不少数量的诗作。

最后,魏江教授以自己写的一段话寄语青年教师:

> 境界有高有低,关键在于站得更高。
>
> 思想有开有合,关键在于开合有致。
>
> 梦想可多可少,关键在于聚焦坚持。
>
> 价值有大有小,关键在于活出意义。

本次论坛由浙江大学教代会教师发展委员会主办,校工会、党委教师工作部协办,近150位2019年新入职青年教师参加了论坛。

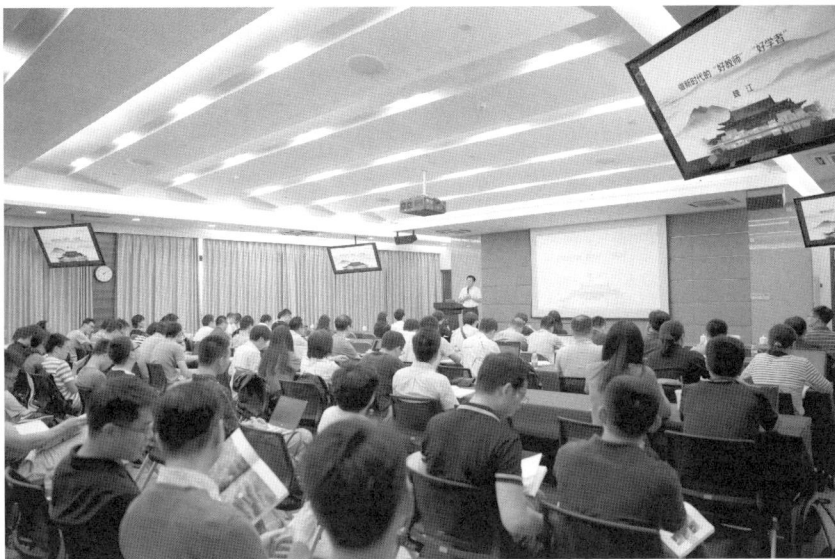

现场图片 2

（摄影:张 莺）

如何以学术为业

——罗卫东教授谈治学人生

马克斯·韦伯曾在《以学术为业》一书中告诫年轻学者,学术是一条布满荆棘之路,它不可能是一蹴而就的,是一个循序渐进的过程。学术事业是一项严肃的人生事业,选择学术生涯应有怎样的精神和心理准备?

主讲嘉宾:

罗卫东,男,浙大城市学院校长,浙江大学原副校长,浙江大学经济学院教授、人文高等研究院院长。全国政协委员,民盟浙江省委副主委,浙江省人民政府参事。主要从事发展经济学、经济思想史、经济伦理学等领域的教学与研究,发表论文近百篇,出版著作十余部,获得省部级以上科研成果奖励八项。

时间:

2020 年 9 月 21 日

地点:

浙江大学紫金港校区临水报告厅

➢ 观点摘录

——学术是一份职业,是一份特殊的职业,以概念化和实验去发现因果联系。学者的天职在于发现真理、传播真理。真理让人头脑清明,理解任何选择都意味着接受一种因果关系,都需要承担相应的责任。

——学者由此间接地成为学生的导师,也因此,我们知道只有高水平的研究才能支撑高水平的教育。"以其昏昏使人昭昭",所谓误人子弟莫过于此,作为教师应力戒。

——所有伟大的教师都是谦逊的,都对自然和生活世界表示出了内心的虔敬,因为,他认识到了无数的不知。

——作为从业人员的心得:阅读经典著作,积累专业知识,方法论学习,反复写作训练,学会寻找学术问题。

——如何寻找学术问题?第一,很重要,是基本问题,核心问题,关键问题,或者是一组问题的节点,至少是重要问题;第二,是潜在的问题,其重要性尚未被很多人注意到,或者被同行误解以至于研究上止步不前,其本质没有得到应有的重视;第三,是可以刻画边界的问题,是可以基本上估算工作量的问题。可以在各种资源的约束下做得比较精致的一个问题;第四,问题有来历有出处,而不是无中生有的。书法上讲的笔笔有来历。这是传承和创新的矛盾统一。

——爱是生命的北斗星,兴趣是最好的老师,学习能力是最大的本领,专注、勤勉与持之以恒是成功的保证。"德、识、才、学"这四个字一个都不能少,顺序一点都不能变。

> **现场报道** ［杨金］

9月21日,浙江大学第十期"师说"论坛在紫金港校区举行,浙大城市学院校长、浙江大学原副校长罗卫东教授与新入职教师分享"如何以学术为业"。本次论坛也是2020年新教职工始业教育内容之一。

罗卫东教授

罗卫东从德国著名古典哲学家费希特的《论学者的使命人的使命》讲起,再到马克斯·韦伯于1919年在柏林大学那场深入人心的演讲,娓娓道来,旁征博引,阐述他对"什么叫做学者? 怎么叫做以学术为业? 作为老师有什么样的责任?"的思考。

论坛后半部分,罗卫东从"我与学问""我与学生""我与生活""我的学术心路"等方面与大家分享了从教近40年来的经历和故事,"我们的学术生活当然是严肃的生活,必须要有一种更加有趣的生活和它互补"。讲座趣味横生,现场反响热烈。

计算机学院 2020 年新入职教师向为表示,本次讲座中关于学者和人的使命的讲述给人扩胸明目之感,讲座结束之后他下单了好多哲学书,同时,从罗卫东教授的个人经历分享中也深深感受到他对学生的热爱、沉浸于学术的满足感等,让人感觉一辈子做学术是很幸福的事情。

现场图片 1

"师说"论坛由浙江大学教代会教师发展委员会、校工会和党委教师工作部共同组织,多年来坚持为新进青年教师"量身定制"始业初课堂,助力新教师职业角色转变,尽快适应学校工作生活。

现场图片 2

（摄影：汪晓勇）

科学中的女性：创新的本源

——"有问"三八节女科学家访谈

这是"有问"2019年国际劳动妇女节系列论坛的第一期。本次论坛邀请了三位女性科学家。

她们说，科研中听到高明的想法，就和人们在多雨的江南突遇放晴一样激动；

她们说，科技工作者在实验室里方能感受到内心的平静；

她们说，细心、体力好和耐得住寂寞是女科研工作者的长处；

她们还说，好奇、"找茬"是迈向科研的第一步。

杨波是浙江大学药学院院长，国家杰出青年基金获得者。

余倩是一位"80后"，国家自然科学二等奖获得者，主要研究方向是材料领域。

陆盈盈，浙江大学化学工程与生物工程学院研究员，27岁具有博士生招生资格。

她们三位和浙江大学妇女研究中心副主任王勤教授一起，在国际劳动妇女节来临之际，共同讨论了女性科技工作者比例偏低的现状、女性在科研中面临的困境以及如何破局。

➤ 机油的味道，生病的小鼠和高能锂电池：兴趣是开启科研 之路的金钥匙

余倩（浙江大学材料科学与工程学院特聘研究员）：

大家好。我出生在位于重庆贵州交界的老三线，祖辈为支持国家建设从城市来到山区。我们那里是重庆最大的动力煤生产基地。我的父亲是恢复高考后第一批大学生，他是工程师。我从小听机器的声音，闻机油的味道，目睹机器的转动推动工程的进展，我喜欢这种实际生产力。我的母亲告诉我，学好数理化，走遍天下都不怕。于是我自然而然选择了工科，做一个跟生产力相关的专业。

大学的时候遇到一位很好的老师，他领我入门，给予我帮助。我在硕士期间发表了人生的第一篇论文，还是 *Nature*，获得了很好的正反馈。我的科研项目是研究"钢铁是怎样炼成的"，炼成的钢铁结不结实好不好用，为什么。这里的钢铁泛指一切生活中的材料，比如飞机大炮汽车轮船，也可以是牙齿关节，锅碗瓢盆，等等。做科研就是去回答为什么，怎么办。我的博士导师常说，**We are engineers，we solve problems.**

国外生活中看到很多中国受制于人的方面，深感大国重器的突破十分紧要，虽然自己的力量非常微弱，但还是希望能尽微薄之力。于是开始从纯粹的科学理论研究向工程应用结合。

杨波[①]（浙江大学药学院院长、教授）：

缘分促使我选择了这个专业吧，高考成绩决定我进了药学专业。

---

① 杨波教授，现为浙江大学科研院院长，浙江大学女教授联谊会会长。

之后遇到了很多好的老师，特别是女老师，给了我很好的知识技能教育，更是给我的学术之路提供了非常有前瞻性的指导，让我走得很顺。这就形成了正反馈，我也就越来越喜欢研究药物这一专业。

我在大四时进实验室做实验，发现化合物分子能治疗那些疾病，联想自己生病后吃药的体会和感受，觉得很神奇。试验中看到化合物使得裸小鼠移植瘤缩小，就很激动。

研究发现候选药物的快乐一直在激励自己，不断有新靶点发现，有新化合物看着能成药，解除病痛……还有那么多对这个世界充满好奇、积极探索的学生，所以热情一直在，没有变化。现在国家很重视药物研究，事关健康，是民生大计。我越来越觉得研究有意思。

陆盈盈（浙江大学化学工程与生物工程学院研究员）：

我在读博士期间对电池产生了兴趣。

刚开始接触金属锂电池，觉得它很神奇。由于使用了金属锂单质而不是锂的化合物，其电极能量密度是常规锂离子电池的好几倍。如果用于电动汽车，可以大幅提高汽车的续航里程，而用于手机等设备，则可以显著延长单次充电后设备的使用时间，被认为是下一代高能量密度大功率密度电池领域的主要发展方向之一。

目前的动力汽车锂电池的续航里程通常为 500 公里以内，如果采用金属锂负极，并且匹配合适的正极材料，产业化后续航里程将有希望突破 1000 公里。这是一种可数倍提升能量密度的电池，但离产业化还有距离，需要解决安全性、循环寿命等问题。

我被这个技术的潜力大大吸引。

➤ 在实验室里能得到内心的安宁和充实:寂寞与激动交织 是科研的常态

杨波(浙江大学药学院院长、教授):

在实验室做实验内心很安宁,忙碌一天内心很充实,晚上处理实验数据若发现有很好的结果就有快乐的感觉。

科研生涯中,看到动物模型的肿瘤被候选化合物消灭了,动物还挺健康,就非常激动。看着学生从一脸懵懂,到眼睛闪着光,讲着他们的发现,就很激动。

我的自身特质适合科研:比较能持续接受打击,体力好,能持续高强度作战,耐得住寂寞,喜欢动手做实验。周围环境适合科研:一个很好的平台,领导有大志有谋略,政策激励上进,同事志同道合,实验环境舒心,学生聪明努力。

余倩(浙江大学材料科学与工程学院特聘研究员):

科研是我生活的一部分。每当获得新的结果都会像听见我儿子说一个新词语一样兴奋。特别是我的学生告诉我一个我认为水平很高的想法时,会异常激动,就像杭州人民今天早上起床看见阳光一样。这也是我的自身特质,容易兴奋,容易不断满足,于是不断给自己正反馈,其实没干啥,却好像天天在突破。就是一种打鸡血的状态。另外,观察力我认为很重要,这方面我对自己要求较高。

陆盈盈(浙江大学化学工程与生物工程学院研究员):

科研不同于大学时期的课程学习,独立思考和计划的能力格外重要。在大学的时候,高强度地去复习一门课程然后考试完毕经常容易将之抛在脑后,而参与到科研中后,我发现研究课题是一个持续的过程,可能会是未来几十年研究的问题,需要自己独立去思考、查文献、与学长学姐及导师们讨论,而且通常没有一个绝对的定论,这与课程学习是完全不同的。

在读博士期间,我的美国导师对我的影响也很大,他无论是周末还是圣诞节都会来学校,从他身上我能感受到一名科研工作者的纯粹、热爱、执着与坚定,他感染着我在学术道路上不断前行。

➢ 有人七次托福未过百,有人高考失利:失败是科学工作者的家常便饭

杨波(浙江大学药学院院长、教授):

我的最大一次失败是高考考砸了,以倒数的成绩进入药学专业,然后以第一名毕业,一直在该领域从事科研教学工作至今。我妈说这是最成功的一次考试,所以,失败没准是一次转机,唯有努力,无问西东。

余倩(浙江大学材料科学与工程学院特聘研究员):

其实对于我来讲并没有最深刻的一次失败。我觉得失败太正常了,已经是家常便饭,而最后的结果才是成功。比如我高考也考砸了,但后来在美国读博士的时候,惊喜地发现我们当年的高考状元也是我的高中同学和我都在伯克利念博士。所以如果失败了,真的没什么,只能说明你还没成功,不能说明你还会失败。

陆盈盈(浙江大学化学工程与生物工程学院研究员):

出国前托福考了 7 次都没有过 100 分(总分 120,国外好学校通常要求 100)。后来申请到了康奈尔大学的博士,因为他们看到我的口语成绩还不错,破格录取了,也算是不幸中的万幸。

➤ "美女教授"是一种不得体的起哄：莫再以异样的眼光审视女性科研工作者

杨波（浙江大学药学院院长、教授）：

投身科研的工作性质会减少女性照顾家庭的精力和时间，这与传统文化认为女生应该做的有点距离，传统观念认为女性做科研会嫁不出去、不幸福……虽然当今社会的女性并不是这样，但这些"认为"的存在仍然非常影响女生对科研的持续投入和热情。

一路过来，很明白一个女性科学家需要付出很多。研究生中有那么多女生，到了副教授、教授阶段女性比例成断崖式下降。这种现象很常见，我好几个优秀的女博士，毕业后都在家庭和工作上遇到难题。举例说吧，有一个学生是杭州名牌中学毕业、一流高校博士、美国著名研究机构做完博士后研究。应该说是非常棒的学习经历，回来结婚生孩子后，家里都不支持她去一流的平台早出晚归地工作，想去某个安逸的地方安心工作。我觉得她应该很快会后悔这种想法。中国以几十年完成了农耕到人工智能的飞速发展，安逸几年后会跟不上节奏，也对不住个人求学生涯的刻苦。

一个单位，接收了一个一流大学出来的学生，一定是对她充满期待（无论自己想不想发展），结果又正好遇到生育期。矛盾永远在，我觉得需要各方面给予很好的支持。比如，国家自然科学基金优青项目给女生的申请年龄放宽到 40 岁，比男生大两岁；浙大晋升职称，也给生育的女生在业绩考核年限上多了一年，鼓励工作生活两不误。

这些都非常好，希望有更多这样的政策，扶持年轻女性持续发展。在浙大，我们有"女教授联谊会"这样的组织来做一些事，帮助这个阶段的女生走出困境,我想以后这样的情况会有很好的改善。

女性在科研上有优势,有特有的敏锐观察力和直觉,注重美观,注重细节,实验细心耐心。每一个科研的大项目都是由无数小事和细节构成,女性在科研里的天赋和特质能得到充分发挥。个人也很愿意在促进女性科学家成长方面做些事情。

余倩(浙江大学材料科学与工程学院特聘研究员):

我认为女性是有明显优势的。女性更善于多线作业,能够同时完成多项任务,另外也更细腻,更成熟,更敏感。总体来看,如果一个女生科研工作很强,那么她一定很全面。

但这会带来更多的挑战。到了三十多岁正是要为家庭付出很多的时候,丈夫的事业妻子肯定要支持,孩子又是最淘气的时候,父母也步入老年……可这个时期也是女性事业的上升期,如果不能兼顾,只好止步。女性要付出更多的时间来工作,更多的精力来处理家庭事务,更多的智慧来协调家庭关系。我想这个就是事业家庭兼顾的挑战。如果家庭和单位都可以在这些时候给予女性理解和支持,那么女性也能更好地发光发热。

"美女教授"之类的评价其实本身就是说明把女性当作特殊群体看待,我不是很认同。浙大的"家庭事业兼顾型先进个人"评选就很好。浙大女教授联谊会,就是一个很好的组织,大家分享成长,共同探讨,互相帮助,就会更加有力量和信心,让我们感觉很温暖。

陆盈盈(浙江大学化学工程与生物工程学院研究员):

在我读博士期间,无论国内外,男女比例还是相对平衡的,但是一旦进入工作,就发现身边的女性科研工作者少了很多。博士毕业后很多女博士都没有继续选择科研工作而回归家庭或去了更加稳定的环境工作。希望能鼓励更多的女性在大学、博士毕业后继续从事科研工作。

在国外的科研环境中，特别是对于中国女性来说，确实是存在优势的，例如美国，会考虑学院、系的男女比例、多样化等因素，在同等条件的情况下，可能会优先考虑女性。在国内，女性在这方面的优势可能弱一些，申请基金和评职称方面一般不会太多考虑性别。在招生的时候，我不太会考虑是否是女性，主要还是从自身能力及对科研的兴趣角度出发去评价一个学生。

整体上说，我觉得无论是继续走科研之路还是选择安稳的环境都是可以的，每个人对自我实现的看法不同，选择就会不同，能每天都很充实，选得不后悔就是好的。

王勤（浙江大学社科学部教授、女教授联谊会副会长）：

越往上走，女性比例越低，这种现象还是有一定普遍性的。以浙大为例，截至 2018 年 12 月 31 日，专任教师中，女教师比例占 23.6%，但在正高职称中，女教授（含研究员）的比例为 15.6%，这个比例已经比前些年有所增加了。

青年女教师事业发展的关键期与生育期重合，使得这个年龄段的老师会更多地面临一些冲突，这也是一个客观实际，无法回避。

造成高层次人才女性比例偏低的原因有很多，需要社会、学校、家庭、个人多方努力。创造有利于女性发展的良好政策环境和文化环境，社会支持系统建设等都非常重要。国家层面，各部委已经出台了一些政策，比如国家自然科学基金青年基金对女性年龄的放宽，中国青年科学家评选对女性年龄的放宽等。文化方面，媒体的宣传也非常重要，不能讲到女性，要么"貌美如花"，要么刻意强调"女强人"形象，应该给女性成才营造一种良好氛围。

我想强调的是，事业与家庭的冲突与协调，是男女两性共同面临的问题。浙江省教育系统和浙江大学在评选"事业家庭兼顾型"先进个人时，面向所有老师，不分性别。这个奖项的设立，传递了这样一个信息：社会责任和家庭责任不可或缺，事业有成、家庭幸福不仅十分美好，而且值得倡导。

➤ 给有志于从事科研的女生们的建议

余倩（浙江大学材料科学与工程学院特聘研究员）：

我觉得兴趣是最好的老师。如果有女生想要从事科研工作，首先需要评估一下自己，是否善于发现问题也就是找茬。另外是否愿意思考，思考是否给自己带来快感。

陆盈盈（浙江大学化学工程与生物工程学院研究员）：

可以先进入实验室学习一段时间，挖掘一下自己是否适合科研，是否感兴趣。

杨波（浙江大学药学院院长、教授）：

愿意做科研的女生，首先要知道，幸福可以自己创造，不需要靠别人。要坚持读完博士，到全世界将来从事领域里最厉害的实验室去学习，然后回到中国，盛开！

➤ 女性科研工作者的充电站和港湾

王勤（浙江大学社科学部教授、女教授联谊会副会长）：

我今天主要是来为优秀的女科学家群体鼓掌喝彩的，因为工作原因，结识了浙大许多优秀女性，她们真的是非常优秀。刚才听了 3 位老师的精彩发言,很激动也很受感动。

"女教授联谊会"为女性人才发展而建立

浙江大学女教授联谊会成立于 2001 年 12 月,是国内最早的高校女教授联谊会之一,由女教授等拥有正高职称的女教师组成,是一个高层次、多学科的群众性组织。凡是在浙江大学工作的女教授(女正高)均可自愿参加女教授联谊会。近年来,有一批年轻的女教授加入,使得联谊会更加充满生机和活力。

中科院院士沈之荃教授、著名医学专家郑树教授担任首任会长,现任会长为全国三八红旗手、国家级教学名师、浙江大学副校长何莲珍教授。两位首任会长都是德高望重的科学家,有着浓郁的人文情怀和强烈的科学精神,成为浙大女教授联谊会宝贵的精神财富,绵绵不断,传承至今。

浙大女教授联谊会以爱国爱校、服务社会为宗旨,以教书育人、求是创新为己任,以人文、关爱、协作、前瞻为文化特色,汇聚女教授的智慧和力量,团结广大女教师争做"品行之师""学识之师""仁爱之师"。联谊会历经三届,因其特有的人文关爱氛围和丰富多彩的特色活动,成为凝聚、激励女教师的"温暖之家"和"奋发之家",成为推动学校"双一流"建设的重要力量。

高校是女性人才集中的地方,又担负着培养人才的重任,是衡量女性社会地位和发展状况的重要窗口。浙大不仅有许多女科学家,更担负着培养未来女科学家的重任。高校女教师的职业发展,女性高层次人才的成长,不仅影响学校的发展和国家的科技创新,也会直接影响未来女科学家的成长,影响女学生的职业选择和未来人生发展。事实上,有魅力、有成就的女科学家(女教授)是能够成为学生的人生榜样的。

面向校园，向女科学工作者赋能

刚才有老师已经谈到，我们有那么多优秀的女大学生、女研究生、女博士生，但到了副教授、教授层次，比例就下降很多。为什么？浙大女教授联谊会针对这种情况做了许多工作，利用这个机会我介绍一下，可能有点长。

浙大女教授联谊会汇聚了大量优秀女性人才，我们通过组织丰富多彩的活动，加强女教授之间的联系与交流，为学科交叉搭建平台；充分发挥女教授在教书育人、引领青年教师成长方面的独特优势；服务社会，促进全社会妇女发展。

精心组织"女教授沙龙"，推进跨学科交流、跨院系交流，营造人文关爱氛围，搭建学科交叉融合平台。联谊会通过"樱花之约""青荷之约""茶苑之约""海宁之约"等系列活动，搭建女教授交流、沟通桥梁，使大家在比较宽松的氛围中交流信息，了解不同领域的研究前沿，为女教授跨学科"论道"提供舞台。近年来，已先后组织食品安全、转基因技术、智能机器人、医学保健、国际化等多个专题的交流。

借助女教授的集体智慧和人生阅历，发挥女教授导师团作用，通过不定期召开女教授与青年女教师、女博士经验分享会等，交流教书育人、科研学术和生活经验，解疑释惑，多方式缓解青年女教师事业家庭冲突带来的压力。因为每个女教授都是从青年教师成长起来的，现身说法特别有感染力。我们先后组织过"师说"论坛女教授专场、"鲜艳姊妹花——青年女教授分享成长经历"、女教授分享会等。

联谊会积极践行教书育人、传道授业，关爱学生，助力青年学子成长成才。先后组织了"女院士与女大学生面对面""青年女科学家与求是学子面对面""求是缘——讲述浙大人的故事"等活动,教授们以自己的成长经历、人格魅力及科研素养影响学生,帮助学生形成良好的学习习惯、掌握科学的学习方法,使他们更加了解科研的"辽阔天空",培养学生创新意识。

今天参加访谈的杨波老师、余倩老师、陆盈盈老师就多次参加了面向学生的交流活动。她们不仅科研做得好,关心学生的成长,而且各有所长。杨波老师体育、舞蹈都行,余倩老师喜欢追剧、音乐,陆盈盈老师 27 岁就当了博士生导师,杨老师、余老师还是受表彰的"事业家庭兼顾型"先进个人。所以,她们都是学生心目中的"偶像"和人生榜样。

面向社会,推动妇女平等发展

浙大的女教授很有情怀和社会责任感,也为推动全社会妇女发展做了许多事情。女教授联谊会会同妇女研究中心、女工委等,促进全社会妇女发展。先后举办了"女性与高等教育""青年女教师发展论坛""全面两孩政策实施背景下女性发展研究"论坛等,组织女教授参加联合国妇女署与浙江省妇联等举办的"性别平等与企业社会责任"国际会议。

发挥女教授、女委员、女代表的作用,为女性发展献言献策,通过提案等形式,努力促进在文化、政策层面创造有利于女性人才发展的条件。今天参加访谈的杨波教授就是中国妇女十二大代表、省政协委员;浙大医学院田梅教授也是中国妇女十二大代表,还担任了浙江省女科技工作者协会会长。

总之,女教授联谊会将怀有赤子之心的女教授组织起来,打造了富有特色的活动及舞台,在学生培养、青年教师成长、女性成才、学校建设、国家发展等领域都作出了重要贡献,成为高校知识女性建功立业的一道亮丽风景。

(原载 2019 年 3 月 7 日"有问云上论坛",收入本书时略有修改)

聆听浙大：一位女教授的"跨界事业"

初见梁君英教授的午后，是在紫金港校区外语学院的办公室。一头黑色偏分直发，一双清亮明眸，说起话来条理清晰，语调柔和，这位教授给人的第一印象是知性大方、温和有礼。

她是外语学院教授，她说工作中自己最喜欢的身份是一名普普通通的大学英语老师，最近几年她还有一个身份：女教授联谊会的副秘书长……课堂内外，她深受学生欢迎；一些活动现场，师生们总能一眼认出她，因为她通常是那位细细聆听、娓娓讲述的主持人。跨学科的专业背景、跨界的校园活动主持人，梁君英告诉记者，她最大的爱好是坐在路边鼓掌，最大的收获是懂得了"聆听"。

聆听学生：鼓励交叉学科人才培养

今年上半年，梁君英收到了一封曾经上过她英语课的毕业校友的来信，这位校友请她写一封申请牛津大学"新能源经济"博士项目的推荐信。不久前他又来信，说自己在牛津一切安好，并拿到了中国学生在牛津留学的奖学金。这位校友本科就读于浙大能源学院，硕士攻读了斯坦福大学的环境保护专业，现在博士又换了一个专业方向。一位能源专业的工科生，一位斯坦福的毕业生，为什么这么多年了还想着请自己的大学英语老师写推荐信呢？因为这位学生"大胆"萌生跨专业学习想法就是源自梁君英的一节英语讨论课。

见过梁君英的人，会觉得她的形象气质很符合一位文科教授的"人设"。然而，这位文科教授的最后学历其实是非常理性的基础心理学博士。从英语语言文学学士，到心理语言学硕士，再到心理学博士，一步步走来，都源于梁君英对交叉学科的热情。

同样，梁君英将这股对于交叉学科的热情也投注在了教学中。课余时间，梁君英会及时关注《科学》《自然》《美国科学院院刊》等世界自然科学领域前沿的研究动态，通过自己的英语课堂及时分享给学生。既考虑锻炼学生的学术英语阅读能力、提升学生的英语公共演讲能力，又鼓励他们拓展视野与思维。她会给课堂里的每个小组布置一项话题讨论。开头提及的那位能源学院校友当年就是被分在了"环境保护"的话题中。

为了讲好这个话题，这个小组把焦点放在水资源保护上，他们在课后去了西溪湿地、余杭塘河等地检测水质，进行了细致的数据分析与对比，在课堂中拿出了数据详尽的英文分析报告。令梁君英意外的是，英语课程虽然结束了，但是这组成员对环境保护的兴趣一直延续了下去。他们假期走出杭州，去了趵突泉、都江堰、日月潭等地继续做深度调研，尤其是这位能源专业的男生，对环境保护的兴趣一发不可收，最终选择攻读了斯坦福大学的环境保护专业的硕士学位。当年，也是梁君英为他写了推荐信。

作为一名外语学院的教师，对于如何培养适应国际化竞争的人才，梁君英老师也有自己的想法："我们要有坚定的信念，浙里的学生有着无限的可能性。比如我们的大学英语课，可能大家眼里只是一门普通的基础课程,但其实非常关键,蕴含着无限的可能。因为首先我们的学生大多是新生,新生的好奇心与初生牛犊不怕虎的勇气是创新力的重要源泉;其次我们的学生来自各个专业,课堂上经常会迸发出火花,这是不同学科一起交流的有趣之处。对于浙大的孩子来说,除了学好自己的本专业,也需要了解自己的兴趣爱好所在,更要挖掘自己的潜力。走向国际,需要扎实的专业基础,多学科融合的素养,良好的语言沟通能力,'世界因我而不同'的信心与勇气,更要有浙大人求是创新为基础的社会责任感和天下情怀。"

聆听同事:做一个坐在路边鼓掌的人

回忆起当年刚入职时,梁君英觉得特别幸福,"学校对每一位青年教师都非常照顾,提供了许多成长与发展的空间"。2007 年,梁君英加入了外语学院青年教师创新平台,担任平台负责人;2008 年,梁君英进入了社科研究院组建的人文社科青年教师组织"清源学社"。2013 年底,评上教授后,梁君英加入了女教授联谊会。

参加了这么多教师组织,梁君英得到了很多机会,她不断拿起话筒,成为一名主持人。她清晰地记得,自己在女教授联谊会里的第一场主持,是浙大 70 后双胞胎女教授"鲜艳姊妹花"的分享会。其实,梁君英早在 2008 年便结识了"鲜艳姊妹花"中的妹妹李艳教授,"因为我们都是清源学社的第一批'会员',而且是学社里'唯二'的女老师,所以这么多年里我们的关系一直很好,对彼此也非常了解"。在这场分享会里,梁君英抛出了许多看似"姐妹淘"却很有启发意义的问题,比如"姐姐妹妹有没有心电感应","看着学霸姐姐,妹妹如何缓解压力",

"职业中成功的秘诀是什么"等，两位教授结合亲身经历，一一应答。

活动的顺利举办，让梁君英的跨界主持之路从此铺展开来。此后，她主持了学校教代会教师发展委员会的"师说"论坛、"拥抱阳光，笑对阴影——做更好的自己"女教师经验交流会等一系列教师交流活动。

2014年，浙大成立了教代会教师发展委员会。梁君英担任了第一期"师说"论坛"今天，我们如何当老师?"的访谈主持。叶志镇、潘一禾和欧阳宏伟三位教授是这期论坛的嘉宾，他们都有着很深的学术造诣，其中两位还是浙大求是特聘教授。教师的职责是什么，什么样的老师是好老师，教师应该如何看待名利……这些是梁君英在当时发出的一连串提问。回忆起这场论坛，梁君英语调上扬，语速加快，恨不得把几位教授的精彩回答全部复述出来。

"潘一禾老师非常出色，但为人却很低调。她说是因为她在下乡当知青时，从老乡身上学到'踏实'和'朴素'的为人处世风格，所以喜欢做一个'坐在路边鼓掌的人'。"从潘一禾老师身上，梁君英汲取了"安静的力量"，也成为了一位坐在路边鼓掌的人，陪伴自己的学生成长。作为浙大求是特聘教授，欧阳宏伟老师对学术的热情、对学生的深情至今仍令梁君英记忆犹新。"欧阳老师说今天我们做老师，'请一定要手心朝上'，托起学生的希望。"

每回聆听同事的心声后，梁君英总会感慨自己是幸运的。"浙大的老师是卓越的。我们的老师，一直把立德树人放在首位，时时刻刻体现着浓浓的家国情怀，坚守着为人类的文明与进步而努力的信念、勇气、持之以恒。"

聆听成长：为优秀的女性科研者加油喝彩

2015年，一项浙大的统计数据显示，浙大在读女硕士生、女博士生分别占本校硕士生、博士生总人数的 43.7％ 和 39.0％；专任教师中，女教师比例为 25.5％，而浙大的女教授只占到教授总数的15.0％。就此现象，梁君英在当年的教代会上，提出了一项议案《学校公共政策中的女性视角》。这项提案也成为了当年的优秀提案。

尽管越来越多的女性有志于投身科研事业，如何平衡工作和家庭，成为困扰不少女性科研者成长道路上的难题。

当被问及如何解决事业、家庭的难题时，梁君英笑着打趣道："其实这个问题，我们男同胞也应该认真回答：男同胞是如何平衡事业与家庭的呢？"接着她很快回到正题上："过去四年，跟我们学校很多的女教授接触，我发现'喜欢'两个字非常重要。我认识的很多女教授，都非常喜欢自己的工作。我们每天面对的是中国最优秀的孩子，我们每天面对的是最有学术信念与学术热情的同事，我们每天的工作是探索与发现这个物质世界或者精神世界的规律，自然是心生欢喜。要是喜欢，那么难题应该也是喜欢的一部分，会想着怎么去克服。"

这些优秀的女性科研工作者，往往也是孩子的母亲。在梁君英看来，女性在学术研究中练就的选择、判断、分析、整合、总结、创新能力，在生活中、在陪伴孩子成长的过程里也非常重要；同时学术研究中的发现问题、分析问题、解决问题是一个系统工程，需要细致入微的观察能力，逻辑清晰的分析能力，面对困难或迎头而上或另辟蹊径不放弃的能力。"即使以后不从事科研工作，成为一位全职妈妈，高学历女性为家庭、为社区、为社会所做的事可能也很不一样。"

作为女教授联谊会的副秘书长，梁君英积极辅助会长、副会长组织各类交流活动，为女性科研工作者加油、喝彩。她说，女教授联谊会承载着很多的功能，其中温暖与鼓舞年轻女教师、青年女学生是非常重要的一项。梁君英特别提到"女教授导师团"与青年女教师共话成长的活动。在青年女教师的成长过程中，职称晋升、学术成果、教学评估、结婚生子，都是需要努力做好的。梁君英说当时的互动交流非常温暖有爱，女教授们都一一分享了自己的"独家秘籍"。记忆特别深刻的是会长何莲珍老师。何老师坦承自己也面临各种压力，要学会倾诉："我们虽然压力很大，但教师职业是很有幸福感和价值感的，最大的欣慰就是培养了有成就的学生。""工作中不怕体累，就怕心累。排解心累的最好方法是倾诉，提升幸福感。"药学院院长杨波老师也诙谐地说："周末加班在实验室看一天的数据，别人觉得辛苦，我觉得是一件非常美妙的事。假如有重大发现，那就是完美！"

"有阳光的地方，一定会有阴影，"梁君英说，"我们在自己学术成长的道路上，要接受工作和家庭很难完美平衡这一个现实，但也要相信一个人在压力下可以爆发无限的潜能，必要时也要学会落落大方地请求家人、同事的帮助。"

享受价值，提升职业幸福感；调整心态，快乐坚持终将水到渠成；信任他人，常怀感恩之心。梁教授用她的经历告诉我们，做一名浙大人是幸福的，坐在路边为他人鼓掌是快乐的。

在浙大，还有许许多多同样为科研奋斗却谦虚低调的女教授们。科研不分性别，希望所有的女性科研工作者能够不忘初心、继续前行，科研路上结伴同行。

（周思逸　叶　鑫）

（原载 2017 年 12 月 2 日浙江大学微信公众号，收入本书时对文章标题等略有修改）

后　记

　　萌发要编一本《聆听浙大》的想法始于两年前,但由于当时工作比较繁忙,总有"更重要""更紧迫"的任务需要完成,编书这件事便一直没能排上重要的议事日程,只是断断续续地进行着。直到几个月前,终于有了大把自由支配的时间,才真正将想法付诸实践。

　　浙江大学是一所有着光荣历史传统的百年名校,在这片深厚的土地上,不仅哺育了众多的文化名人和科学大师,也在百廿余载的办学历程中形成了独具特色、以求是创新为核心的文化与精神,它自成风格,代代相传,成为一代又一代求是学人的不懈追求、精神气质和文化基因。浙江大学汇聚了许多优秀教师和杰出学者,他们坚守价值理想,在长期的教学、科研和育人实践中,有着许多思考、探索和人生感悟,形成了独特的教育理念、治学心得和宝贵经验。浙江大学又是继往开来、人才辈出的学校,每年有数百新教师进校,更有成千上万的学子慕名而来。如何传承浙大文化与精神?引领帮助青年教师、求是学子更好地成长?面对这一课题,教代会、工会又能做些什么?

　　浙江大学工会始终将围绕中心、服务大局放在首位,紧紧围绕学校"双一流"建设目标和立德树人的根本任务,充分发挥自身优势,主动搭建育人平台,不断探索教代会、工会服务教师发展和学生成长的新途径,打造了"三育人"标兵选树、"师说"论坛、"求是缘——讲述浙大人的故事"等文化品牌。

2014年4月,为更好地关心关爱一线教师群体,创建有利于教师发展的良好环境,浙江大学在全国高校首设教代会教师发展委员会。时任校党委常务副书记、工会主席邹晓东在教代会教师发展委员会第一次会议上,明确了教师发展委员会的工作定位,提出了"关心事业发展、促进水平提高、咨询政策制度、推动思想建设、引领教师文化、加强人文关怀"的工作方针。同年10月,教师发展委员会"师说"论坛诞生,首期以"今天,我们如何当老师"为题。与此同时,浙大女教授联谊会充分发挥教授在培养莘莘学子、引领青年教师方面的独特优势,弘扬传承"求是创新"精神,精心组织了"爱我浙大之'求是缘'"系列活动。

作为活动的主要组织者,我参加了迄今为止"求是缘——讲述浙大人的故事"系列和"师说"论坛的所有活动。从主题的策划、嘉宾的邀请到活动的组织、宣传,我们与嘉宾、主持人一起精心打造活动品牌和一个个优秀的"作品",并在这一过程中受益匪浅。而每次活动的完美呈现和好评如潮,都让我们觉得所有的付出都非常值得,也对"下一次"的重新出发充满期待。

担任"求是缘""师说"论坛访谈(主讲)嘉宾的,既有中科院院士、大学校长、长江学者等国家级人才,也有教学科研一线的普通教授;既有"土生土长"、在浙大耕耘几十年的求是学人,也有近年来从海外引进的青年才俊。他们身兼数职,工作十分繁忙,但都无一例外欣然接受我们的邀请,与青年教师、求是学子面对面交流,谈人生话理想、谈成长话发展,追寻"公忠坚毅"的求是基因,探讨为师之道、治学之路、立德树人和"双一流"建设。或娓娓道来,或激情澎湃,令听众回味无穷、收获良多。在他们身上,不仅有着学者追求真理的严谨与睿智,更有着优秀教师浓浓的人文情怀。而让更多人听到、读到嘉宾们的真知灼见,感受求是学人的品格与追求,并通过这些文字了解浙大、喜欢浙大,激发思考、让自身更好成长,则是我们编写、出版《聆听浙大》这本书的初心。

《聆听浙大》以"求是缘——讲述浙大人的故事"作为开篇,以"聆听浙大——一位女教授的'跨界事业'"作为结尾,中间主体部分为"师说"论坛的访谈实录或观点摘编、现场报道等,从"今天,我们如何当老师"到"如何以学术为业",共收入 10 期内容。"有问"三八节女科学家访谈"科学中的女性"也收入本书。书中文字除标明作者与出处外,均由本人整理、编辑与撰写,其中访谈实录的文字根据现场录像整理而成,观点摘录除根据录像外还参考了部分嘉宾的 PPT。外语学院梁君英教授审读了部分书稿,并对书中出现的英文进行了校对与翻译。

在整理、编辑和校对书稿的过程中,我一遍遍重温各种美好,当时的情景历历在目、栩栩如生。"今天这个时代,你欣赏什么'主义'""一流大学要做一流的事""浙大的基因是公忠坚毅""风物宜长放眼量""教师要手心朝上,托起学生的希望""追逐梦想,改变世界"……嘉宾们的金石之言犹在耳边,余音缭绕。面对这么多科学家、优秀教师的倾情付出,我唯有用心。遗憾的是,受前期资料所限,"求是缘"之"鲜艳姊妹花"访谈未能收入本书,"师说"论坛有的嘉宾演讲内容之呈现略显单薄。

在《聆听浙大》即将付梓之际,首先要感谢所有参加"求是缘"系列、"师说"论坛的嘉宾,没有他们的支持便不可能有"求是缘""师说"论坛的影响与品牌,他们是本书所呈现的思想及内容的贡献者。这是一份长长的名单：中科院院士陈云敏教授、杨德仁教授、叶志镇教授，贵州大学原校长陈叔平教授、浙大城市学院校长罗卫东教授、浙江大学副校长何莲珍教授，以及欧阳宏伟教授、潘一禾教授、王晓萍教授、郑春燕教授、苏德矿教授、赵阳教授、张彦教授、朱柏铭教授、邢华斌教授、朱永群教授、余倩研究员、徐志康教授、邱利民教授、岑海燕研究员、魏江教授、杨波教授、陆盈盈研究员等（按活动时间顺序排列）。同时，特别感谢多次担任访谈主持的梁君英教授，她的用心、勤奋与天赋，让每次访谈都行云如水、精彩纷呈。而我们，也在一次次的合作中，成为志趣相投的好朋友、心有灵犀的"黄金搭档"。

感谢校党委常委、统战部长、工会主席楼成礼对"求是缘""师说"论坛活动的大力支持，他在工作十分繁忙的情况下，不仅多次亲临活动现场，还对《聆听浙大》一书的编辑出版给予了支持与鼓励。教代会教师发展委员会的两届主任叶志镇教授、徐志康教授，不仅亲自担任"师说"论坛嘉宾，还多次关心和出席论坛。党委教师工作部、人事处、教师教学发展中心等也对"师说"论坛给予了支持，一并致谢。

感谢在校工会曾与我一起组织"师说"论坛、"求是缘——讲述浙大人的故事"活动的小伙伴们，他们是徐宝敏、林文飞、楼华和汪晓勇等，我们一起努力，付出辛苦，经历焦虑，最终收获了喜悦与成长。感谢张鸯等为本书提供了许多高质量的现场图片，感谢撰写活动报道的记者与同事，感谢所有提供过支持和帮助的老师和同学。

在浙大工会工作的 10 年，是我职业生涯中继教学、科研、育人以外的别样体验，教代会、工会的平台给了我服务学校发展和教职工的机会，也给了我施展才华能力的舞台。工会大家庭民主和谐、温暖快乐、奋发有为的工作氛围，成为我人生中美好的记忆。

　　1978 年 10 月，我离开家乡走进浙江大学，从此再也没有离开这片土地。从求是学子到浙大教授，最好的年华与伟大时代相遇，与浙大共同成长。浓浓的浙大情结、深深的求是印记始终伴随着我，做浙大文化(声音)的聆听者、记录者和传播者，是我非常愿意做的事，并将继续之。

王　勤

2021 年春于求是园

图书在版编目（CIP）数据

聆听浙大 / 王勤主编. —杭州：浙江大学出版社，
2021.6
　ISBN 978-7-308-21379-0

　Ⅰ．①聆… Ⅱ．①王… Ⅲ．①浙江大学－教授－访问
记　Ⅳ．①K825.46

中国版本图书馆 CIP 数据核字（2021）第 090806 号

聆听浙大

王　勤　主编

责任编辑	李海燕	
责任校对	林昌东	
封面设计	雷建军	
出版发行	浙江大学出版社	
	（杭州市天目山路 148 号　邮政编码 310007）	
	（网址：http://www.zjupress.com）	
排　　版	杭州好友排版工作室	
印　　刷	杭州高腾印务有限公司	
开　　本	787mm×960mm　1/16	
印　　张	13.25	
字　　数	160 千	
版 印 次	2021 年 6 月第 1 版　2021 年 6 月第 1 次印刷	
书　　号	ISBN 978-7-308-21379-0	
定　　价	46.00 元	